KB273950

제약영업의 기술

제약영업의 기술

펴 냄 2010년 2월 10일 1판 2쇄 박음/ 2014년 3월 10일 1판 4쇄 펴냄

지은이 이동수 · 오혜연 · 조현

펴낸이 김철종

펴낸곳 (주)한언

　　　등록번호 제1-128호 / 등록일자 1983. 9. 30

주 소 서울시 종로구 삼일대로 453(경운동) KAFFE빌딩 2층(우 110-310)

　　　전화. 02)723-3114(대) / 팩스. 02)701-4449

책임편집 정민규, 함정훈

디자인 정현영, 양미정, 백은미, 김영민

홈페이지 www.haneon.com

이메일 haneon@haneon.com

· 이 책의 무단전재 및 복제를 금합니다.

· 잘못 만들어진 책은 구입하신 서점에서 바꾸어 드립니다.

ISBN   978-89-5596-563-6   13320

제약영업의 기술

이동수 · 오혜연 · 조현 공저

한리

비밀은 없다

저희는 현재 엄청나게 성공한 사람들은 아닙니다. 치열한 영업과 마케팅의 현장에 대한 많은 이야기들과 영웅들의 무용담이 떠돌고 있을 때, 그것을 동경하기도 하고 흉내 내어 보기도 했던 그저 평범한 영업인들입니다.

또 영업을 위해 좋은 사례와 자료들을 열심히 찾아보고, 선배들의 주옥같은 경험들을 눈을 반짝이며 듣기도 했던 사람들입니다. 저희는 평범할 수는 있지만 영업 분야에서만큼은 일 잘한다는 소리는 듣고 살아온 것 같습니다.

흔히 보험, 자동차, 제약영업을 3대 영업으로 꼽습니다. 그러나 늘 아쉬운 게 있었습니다. 보험이나 자동차 산업에 비해 규모가 작았던 제약영업만을 세분화하여 도움을 주는 책을 찾기가 어려웠다는 것입니다. 그래서 제약영업은 스스로 '교과서'를 찾지 못했던 분야인 것 같습니다.

제약영업사원은 '제약(制約)'이 많은 제약(製藥) 시장에서 가장 프리미엄급이라 할 수 있는 의사, 약사라는 고객 집단을 대상으로 영업을 하기 때문에 결코 만만한 일이 아닌데도, 약 장사라는 부정적인 이미지로 그려지기도 합니다. 이런 이유로 저희도 영업 초기에 많은 시행착오를 겪었습니다.

저희는 그래서 제약영업자가 책을 폈을 때 '아, 이 순서대로 하면 되는구나' 하는 책을 써야 할 필요성을 느꼈습니다. 또 제약영업자들이 각 위치에서 인정받고 성공할 수 있는 '제약영업 가이드' 같은 책을 쓰고 싶었습니다.

이 책은 제약영업계에서 상위 1%의 이야기를 다루지 않습니다. 오히려 상위 10%의 이야기에 초점을 맞추었다고 말하는 것이 적절할 것입니다. 물론 제약영업계에서 30년 넘게 경험하신 분들은 영웅담과도 같은 말씀을 해주십니다. 하지만 여전히 우리 곁에는 그러한 영웅담에 나오는 완벽한 영웅은 없는 듯합니다. 주변에서도 그러한 영웅이기를 바라는 동료는 보지 못했습니다. 다만 어제보다 나은 나, 한 번쯤은 베스트 영업사원이 되고 싶은 꿈을 품은 이들이 있을 뿐입니다.

필자들도 독자들과 마찬가지로 성공을 위해서 현재를 달려가는 한 사람으로서 지금쯤 정상을 향한 기로에서 중간쯤에 서 있는 사람들의 이야기를 다루었습니다. 때문에 책을 읽다 보면 상위 10%를 향해 함께 올라가는 동료들의 이야기처럼 느껴질 것입니다.

정상에 오른 사람은 이미 모든 것이 쉬워 보입니다. 또 그동안 힘들었던 일들은 추억으로 남을 뿐 구체적인 과정이 잘 떠오르지 않을 수 있습니다. 오히려 저희처럼 현재 제약영업이라는 산을 힘차게 오르는 사람들은 힘들었던 점과 그것을 극복하는 과정들이 더 잘 기억되고 훨씬 생생할 것이라고 생각됩니다. 그래서 여러분은 이 책을 통해서 더욱더 몸에 와 닿는 현장감을 느끼실 것입니다. 책에 언급된 동료와 고객의 이름은 가명이긴 하나, 모두 실존 인물들로서 이들의 에피소드를 통해 현장감 있는 제약영업

노하우를 충분히 익히실 수 있을 것입니다.

책의 1부에는 솔직하고 소박하면서도 지금 이 순간에도 일어나고 있는 뜨끈뜨끈한 우리의 현장 이야기를 담았습니다. 2부에는 현장에서의 구체적인 영업 원칙과 가이드, 그리고 상위 10%를 향해 달려가는 영업사원을 위한 실행 원칙이 기술되어 있습니다. 3부에서는 고객과 자신의 심리와 성격 유형을 파악하여 이를 통해 영업 커뮤니케이션의 맥을 짚는, 새로운 시각의 영업 방식을 접하게 될 것입니다.

대한민국 제약업계에 몇 명이 있을까 추측해 보았습니다. 국내 대형 및 중소형 제약사, 품목 위주의 제약사, 그리고 다국적 제약사 등을 고려해서 추산해보니 대략 3만 명으로 예상됩니다. 이 책이 3만여 명의 현장 동지들에게 '아하, 그렇지!'라고 느껴지기를 바랍니다. 또한 이 책이 '일 잘한다'는 소리를 듣게 해주는 데 작은 도움이 되었으면 합니다. 현재 제약영업자뿐만 아니라 제약업계의 예비 신입들에게도 이 책은 제약영업 현장이 더욱 친근하게 느껴지도록 해줄 것입니다.

제약영업 노하우에 누구도 따라 하기 힘들 것 같은 '특별한 비밀'은 없습니다. 상위 1%나 10% 안에 드는 영업사원과 그렇지 않은 영업사원과의 차이가 큰 것도 아닙니다. 이미 공개되어 있는 비밀을 자신의 것으로 만드는 사람과 그렇지 못한 사람이 있을 뿐입니다. 이 책을 통해 이러한 사실을 느끼고, 작은 차이로 큰 성공을 만드는 제약영업 노하우를 꼭 실천해보시기를 바랍니다.

여러분, 성공하세요!

필자들 올림

영업을 정의하다

최근의 의약 시장을 보면 과학과 컴퓨터의 발달로 인해 새로운 약이 개발되면, 곧 이어서 유사 성분의 약물들이 개발되고 있다. 오리지널 제품이라 해도 약물이 가지고 있는 특성이 너무 유사한 제품들이 시장에서 치열하게 경쟁하고 있는 것이다. 다시 말해, 마케팅에 의존해서 제품을 차별화한다는 것이 그 노력에 비해 결과를 내기가 대단히 힘든 현실이다.

제품의 차별화가 어려운 현 제약시장에서 해답은 무엇일까?

개인의 차별화, 즉 '영업사원의 차별화'가 해답일 수 있다.

오랜 세월 제약영업에 몸담고 있다 보니 많은 사람들이 이렇게 물어본다.

"어떻게 하면 영업을 잘할 수 있습니까?"

"어떻게 하면 빨리 실적을 올릴 수 있을까요?"

아쉽게도 나는 아직 이러한 질문에 대한 속 시원한 답을 알지 못한다. 내가 경험한 성공의 방법이 모든 경우에 다 적용되는 것도 아니고, 또한 여러 책에 나온 성공의 법칙들이 다 효과적인 것도 아니라는 것을 줄곧 보아왔기 때문이다.

우리는 영업의 비밀, 또는 성공의 법칙 따위의 방법론을 말하기 전에, '영업이란 무엇인가?'라는 근본적인 물음을 던져야 하지 않을까? 어쩌면 이런 질문이 성공의 실마리를 제공해주지 않을까?

스스로 영업에 관해 나름대로 확실한 정의를 내릴 수 있다면, 그리고 영업사원이라는 것이 그러한 정의를 충실히 실행하는 사람이라는 정의도 같이 내릴 수 있다면, 그것이 바로 성공의 법칙이 아닐까.

내게는 아직도 마음속에 굳건히 자리하고 있는 영업에 관한 나름의 정의가 있다. 영업을 막 시작했을 즈음 우연히 책에서 본 것인데 바로 영업이란 '고객에게 이익이 된다고 믿는 것을 권하고 설득하는 일'이라는 것이다.

이 의미가 나에게 깊이 다가온 이유는, 제약영업이라는 것이 고객에게 처방을 부탁하거나 강요하는 것이 아니라 우리의 고객인 임상의, 나아가 환자에게 정말로 필요한 제품을 권유하는 매우 값진 일이라는 자각의 기회로 다가왔기 때문이다.

이런 관점에서 본다면 영업사원에게는 제품을 판매하는 기법이 중요한 것이 아니라, 자신이 고객에게 이익이 되는 것을 권하는 사람이라는 믿음, 그리고 이러한 일에 대한 열정이 더 중요한 것 같다.

나는 아직까지 영업과 관련된 몇 권의 책을 보고, 또는 회사에서 실시하는 영업 관련 교육을 잘 받아서 영업을 잘한다는 직원을 보지 못했다. 책도, 교육도 분명 영업 활동에 도움이 되는 외부 자극임에는 틀림없지만, 그것만으로는 영업을 위한 동기 부여(motivation)를 할 수 없다. 일에 대한 보람과 열정이 선행되지 않는 기술은 순간적인 외부 자극에 불과

한 것이다.

그런 면에서 윌리엄 아이작(William Isaac)이 말하는 영업사원의 정의는 우리에게 영업사원의 역할과 중요성을 명쾌하게 짚어준다는 점에서 대단히 시사적이다.

"영업사원은 상업적인 도구일 뿐 아니라 인간관계 전문가이다. 그들의 역할은 고객이 더욱 기분 좋게 해주고, 더 잘 이해하게 하며, 더 큰 만족감을 갖게 하는 것이다."

회사에 막대한 실적을 가져다주는 유능한 사원들의 일상적인 행동을 보면, 막상 보통 사원과 큰 차이점을 발견할 수 없다. 실제로 90~95%의 행동은 거의 같다. 다만 이들은 평범한 사원들과는 다른 마인드를 갖고 있거나, 몇 가지 중요한 영업 기법을 좀 더 사용함으로써 스스로를 슈퍼스타로 만든다.

이 책에는 바로 이들의 '남다른' 행동들이 다양한 에피소드와 함께 소개되고 있어서 영업 일선에서 뛰고 있는 분들에게 많은 도움이 될 것이다.

영업사원에 대한 평가는 영업사원 스스로 내리는 것이 아니라 고객이 내리는 것이다. 즉, 영업사원이 어떻게 행동하느냐보다는 고객이 영업사원의 행동을 어떻게 보느냐가 중요하다. 또한 영업사원들이 고객에게 어떻게 말했는가보다는 고객이 그 영업사원의 말을 어떻게 들었는가가 중요하다.

이런 '평범한' 영업의 진리를 터득한다면, 이 책을 보는 재미가 훨씬 더할 것이다.

한국노바티스 김태윤 전무

3 고객 심리를 경영하라

영업의 무대에 서다

영업의 무대에 서다

어떤 이의 과거는 아름다운 추억이고, 어떤 이의 과거는 돌아보기 싫은 부끄러움일 수 있습니다. 누군가의 과거는 존경하고 싶은 무용담이고, 누군가의 과거는 의심해볼 만한 허풍이기도 합니다. 하지만 누구나 자신의 오늘은 가장 빛나고 아름답기를 원합니다. 그래서 영업사원들은 오늘도 현장에서 최선을 다해 달리고 있습니다.

1장에는 콜 노트(call note: 고객 방문 기록)에는 차마 적을 수 없지만 때로는 자랑하고 싶은, 때로는 숨기고 싶은 동료들의 소중한 영업 현장에서의 조각들을 모았습니다. 제약영업사원이라면 반드시 한 번쯤 고민했을 법한 것들입니다. 누구나 읽으면서 '바로 내 이야기잖아!'라고 생각하게 될 것입니다. 그리고 나에게 정말 소중한 고객이 과연 나를 어떻게 생각하고 평가를 내리고 있는지 살짝 살짝 엿볼 수 있을 것입니다.

자, 그러면 이제 현장에서 부딪히는 고민의 순간들을 회상해 봅시다. 지금부터 펼쳐지는 시나리오의 주인공은 바로 당신입니다.

다른 사람은 나를 어떻게 보고 있을까?

"아빠, 그래도 지금은 9시예요."

점점 더 많은 회사들이 영업부를 위한 별도의 물리적 공간을 두는 대신 모바일 오피스(mobile office)로 전환하고 있다. 그래서 대부분의 영업자들은 집에서 현지 출퇴근을 하고 있는 추세이다. 영업은 기동성이 매우 중요하므로 이러한 방식은 회사나 개인 입장에서 편리할 수 있다.

하지만 한편으로는 통제에 대한 문제가 떠오른다. 회사 입장에서는 당연히 직원이 현지 출퇴근을 할 때 근무 시간에 대하여 확신을 갖기를 원할 것이다. 그러다 보니 영업 근무에 대한 자동화 시스템이나 콜 관리 추적 시스템 등을 도입하여 영업 조직을 간접적으로 컨트롤하려고 한다.

개인도 마찬가지다. 스스로 자신을 컨트롤하지 않으면 현지 출퇴근이라는 외로운 도전이 힘겨워진다. 또 자칫하다 자기 관리가 느슨해져 결국 '자기 방임'이라는 위험에 빠지기도 한다.

민 원장 : 여보세요? 여기 민내과의원인데요. 지난번에 주셨던 서류를 잊어버렸어요. 오늘까지 마감이라고 들었는데 죄송하지만 퀵

서비스로 한 부 다시 받을 수 없을까요? 담당자 명함을 잃어버려서 이리로 전화 드렸습니다.

고객센터 : 예, 선생님. 담당자 박식해 과장님께 연락 드려 빨리 조처하도록 하겠습니다.

(잠시 후)

고객센터 : (따르릉)

박 과장 : 여보세요?

고객센터 : 안녕하세요, 여기 본사 고객센터입니다. 영업1팀 박식해 과장님이시죠?

박 과장 : 아, 네….

고객센터 : 민내과의원의 민다인 선생님에게 급하게 연락이 왔는데요.

아 들 : 아빠~ 얼른 밥 먹으래.

박 과장 : 야! 저리 가. 아, 잠시만요….

어떤 생각이 드는가? 쉽게 경험해 보았던 익숙한 상황은 아닌지…. 튀지는 않지만 언제나 성실하고 실적도 우수한 백두산 과장은 이런 이야기를 한다.

"적어도 애들에게 우리 아빠는 늦게 출근한다는 모습은 보여주기 싫어요. 그러면 결코 좋은 롤 모델도 될 수 없고 아이들 교육에도 좋지 않다고 생각하거든요. 전날 행사가 있어서 새벽에 들어왔어도 다음 날 늦잠 자는 모습은 절대 안 보여줍니다. 그날 방문하기로 계획한 첫 고객이 업무를 시작하기 30분 전에는 항상 도착하도록 하지요. 당연히 피곤하고 힘들죠. 저도 사람인데.

하지만 스스로 이렇게 원칙을 정하지 않으면 쉽게 해이해집니다. 또 이게 습관이 되면 결국 제 실적은 물론 인생에 맞서는 제 태도까지 바뀌지 않을까 염려됩니다. 설령 나중에 영업을 안 한다고 해도 어쨌든 저는 훌륭한 아버지, 성실한 가장, 든든한 남편으로 기억되고 싶거든요. 하하.”

아직도 이불 속에서 알람을 5분 더, 10분 더, 1시간 더 계속 껐다 켰다 하고 있지는 않은가? 지금 당신의 아이가 바라보고 있다. “아빠, 지금은 9시예요!”

- 영업사원이라면 시간 관리를 잘하기 위해 끊임없이 노력해야 한다.
- ‘시작이 반이다’라는 말처럼 특히 업무의 시작에 대해서는 철저한 관리를 해야 한다.
- 이는 작은 변화와 개선으로부터 시작한다는 점을 명심하자.
- “어떻게 큰 변화를 얻을 수 있을지 생각하고 있다면 매일의 작은 변화를 소홀히 하지 말아야 한다. 작은 변화가 조금씩 쌓여서 예상치 못한 큰 변화가 되는 것이다.”

– 마리안 라이트 에델만(미국 미시시피 주 첫 흑인 여성 변호사)

“제가 더 예쁜가요?”

언제부터인가 업종을 가리지 않고 점점 더 많은 여자 영업사원들을 만나게 되었다. 과거에는 여자 영업사원 하면 기껏해야 보험, 화장품 정도였지만 이젠 전문적인 지식과 야무진 영업 스킬로 무장한 여자들이 다양한 분야로 진출하고 있는 것이다.

성실혜 차장. 그녀는 지금은 마케팅 팀장이지만 영업사원 시절 특유의 쾌활한 성격으로 사내는 물론 고객 사이에서도 평판이 좋았던 인물이다.

그녀가 여자 후배들을 위해 재미있는 회상을 한다.

"제가 영업을 시작했던, 어언 20여 년 전만 해도 여자 영업사원을 바라보는 눈은 우려, 호기심, 당혹이었던 것 같아요. 여전히 남자가 대부분인 의사 고객들은 여자 영업사원이 방문하면 시선을 어디에 둘지 당혹해하고, 차라리 입을 다물거나 방문을 거절하기도 했던 시절이 있었죠. 그렇게 몇 차례의 고비를 넘기고 고객과 가까워지면서 대화가 원활해지면 고객들도 학습 효과를 보는지 여자 영업사원을 어떻게 대해야 할지 노하우가 생긴다고 하더라고요.

나중에는 여자 영업사원들의 고객 접근 효과가 좋다는 것을 알게 되면서 회사들이 다소 두렵기는 하지만 실험적으로 여자 영업사원들을 채용하기 시작했고 이 또한 경쟁이 되었죠. 그런데 개중에는 고객들로 하여금 마냥 대기실에서 기다리게 하다가 포기하고 돌아가게 만드는 영업사원이 있는가 하면, 유독 고객들이 자신의 방문을 환영하게 만들어 버리는 영업사원이 있습니다.

그런 차이를 만드는 데는 외모 관리가 한 몫 하더라고요. 사실 영업사원들이 외모 관리를 소홀히 해서는 안 되는 것이죠. 고객 입장에서도 영업사원의 용모를 보면 나를 얼마나 중요하게 생각하고 있는지 알 수 있으니까요. 우리가 대통령으로부터 청와대로 초대를 받았다고 합시다. 대충 옷을 입고 머리도 대충 하고 가나요? 당연히 머리끝부터 발끝까지 최대한의 예의를 담게 됩니다.

병원에서도 마찬가지죠. 외모만 봐도 누가 영업사원인지 알 수 있을 정도는 돼야 하지 않을까요? 키도 작고, 다른 여자 영업사원보다는 약간, 아주 약간 덜 예쁜 나를 언제나 고객들이 다른 경쟁사 직원보다 더 환영해주면 뿌듯해지곤 했는데, 어느 날 S대학병원 외과 과장인 최고봉 과장에게 용기 내어 물어보았어요.

성 차장 : 선생님, 다른 회사 여직원보다 제가 더 예쁜가요?

최 과장 : Z회사의 여직원들은 특징이 있어. 누가 가르쳐준 건지는 모르겠지만 항상 점잖은 색상에 단정한 옷을 입더라고. 치마도 너무 짧지 않고, 머리도 단정하고. 마주하고 있으면 부담되지 않고 편안하거든. 그런데 Y사 여직원이 처음 방문하던 날, 날씨 덥다고 민소매를 입고 오지 않았겠어? 덥다고 재킷을 팔에다 두르고 말이야. 가뜩이나 짧은 치마를 입고 내 앞 소파에 앉는데 잘못하다가는 다 보이겠더라고. 그렇게 앉아서 디테일링(detailing: 제품 정보 소개)을 하는데 귀에는 하나도 안 들어오고 '아이고, 저러다 큰일 나겠네' 그런 생각밖에 안 나더라고. 부담스러워서 별로 보고 싶지 않더군. 긴 머리는 덥다고 대충 머리에 얹고는 연필 같은 걸 꽂고 말이야. 압권은, 인사하고 나가면서 핸드백을 어깨에 거는데 그 시커먼 겨털이 다 보이더라고. 나 참, 의사들이 뭘 보는 줄 알아? 예쁘다고 다 좋아하는 줄 알지? 천만에! 영업사원 내면에서 나를 대하는 마음, 그 마음이 용모로 표현된다는 걸 아는지 모르는지 말야.

가끔 미인계를 적절히 활용하는 센스 있는 영업사원들이 있지만, 항상 잊지 말아야 할 것이 있어요. 바로 고객은 머리끝부터 발끝까지 나를 관찰하고 있다는 사실입니다. 고객을 대하는 나의 마음가짐이 외모로 나타난다는 사실을 직접 거울을 보고 시험해 보세요.

아 참, 무덥다고 웃옷을 벗었을 때 겨드랑이 털은 잘 다듬어졌는지 다시 한 번 살펴보기를 바랍니다. 후후."

그렇다. 아무리 기본이라고 해도 영업사원의 외모 관리에 대해서는 수차례 언급해도 지나치지 않다. 외모는 우리에 대하여 많은 것을 말해준다. 사람들은 대개 '눈에 보이는 것'으로 미루어 판단한다. 그러므로 몸과 옷이 모두 깨끗한지, 입 냄새는 나지 않는지, 소지품 특히 가방에서 자료를 꺼낼 때 정리가 되어 있는지, 무엇보다 고객과 마주할 때 나의 자세는 바른지 늘 점검해봐야 한다.

고객에 대한 예의는 반드시 외무에 담겨야 한다. 이는 미남 미녀가 되라는 말이 아니다. 또 그럴 필요도 없다. 정돈되고 품위 있는 외모가 당신을 위한 훌륭한 추천장이 될 수 있다는 것을 꼭 기억해두자.

나는 어떻게 보고 듣고 묻고 답하는가?

"어디를 보고 있는 거야?"

흔히 눈은 '마음의 창'이라고 한다. 사랑에 빠진 연인은 서로의 눈을 마주 보며 그 깊은 호수 속에 빠지고 싶단다. 연예 프로그램에서 이상형의 스타일을 물어보거나 상대방의 어디를 주로 보냐고 인터뷰하면 연예인들은 주로 '눈'을 고른다. 노래 가사에도 있다. '눈으로 말해요'라고.

왜 그토록 많은 사람들이 눈을 강조하는 걸까?

눈에는 놀라움, 두려움, 동정심, 사랑, 의심, 슬픔 따위가 드러난다. 또 눈이 초점을 맞추고 있는 곳에 근거해서 그 사람과 그 사람의 말에 대하여 판단을 내리곤 한다. 다수의 문화권에서는 자기에게 계속 친근한 눈길을 보내는 사람을 신뢰하는 경향이 있다.

반면, 상대방을 보지 않고 자기 발치로 눈을 내리깔거나 다른 데를 보는 사람은 진실성이나 소양을 의심 받게 될 수 있다. 그런가 하면 어떤 문화권에서는 누군가를 뚫어지게 바라보는 것을 무례하다거나 공격적, 혹은 도전적이라고 여긴다. 특히 상관이나 권위 있는 사람과 대화할 때는 더욱 그렇다. 이같이 '눈'은 커뮤니케이션에서 중요한 자리를 차지하고 있다.

정말, 우리는 눈으로 말하고 있다.

(회의실 안)

동고집소장 : 도도혜 씨, 선생님들이 자기 예뻐하는 것하고 제품 처방하는 것하고 같이 가는 건 아니야. 전략을 짜야지. 고객의 성향, 제품에 대한 고객의 인식, 환자 수, 이런 걸 분석해서 어떻게 접근할지 고민을 해야지. 무조건 콜만 많이 하는 게 중요한 게 아니라고.

도 도혜 : 소장님은 제가 아무 전략 없이 병원만 다닌다는 거예요? 저도 나름 준비해서 하는 거예요. 생각처럼 선생님들이 빨리 움

직여주지 않아서 그렇지,

동고집소장 : 그게 왜 그렇다고 생각하나? 지난번 배 의원 GP(group pre-
　　　　　 sentation)도 생각해보라고. 왜 그렇게 상황 판단이 안돼?

도 도혜 : 아니 소장님, 그게 갑자기 여기서 왜 나와요? 그건 엄연히 다
　　　　 른 문제잖아요.

동고집소장 : 뭐야, 아니 지금 대드는 거야? 어디서 눈을 치켜뜨는 거야?

(회의실 밖)

고 과장 : 이번에는 크게 혼나나 보네.

박 과장 : 그래도 싸지. 지 잘되라고 하는데. 눈 좀 깔고 들을 것이지.

사실 도도혜의 전반적인 태도가 문제가 있었겠지만 아무리 차분히, 그
리고 논리적으로 말한다 해도 눈은 자신의 생각과 마음을 속일 수 없다.
영업팀장 10년이 된 베테랑 동 소장이 그 정도도 파악이 안 되랴. 매일 수
십 명의 영업사원을 수년간 접하는 의사 고객들은 어떨까? 당연히 그들도
'눈'으로 영업사원을 읽고 있다.

그런데 나이가 어린 사람이 연장자를 똑바로 쳐다보면서 말하면 불경스럽
다고 여겨지다 보니, 영업사원이 고객을 제대로 보지 못하는 경우가 많다.

나 달리 : 교수님, 외래에서 접하는 많은 환자 중에 abx인 경우는 얼
　　　　 마나 되시나요?

최 과장 : 보통 외래 50명 정도 보면 20명 정도는 되니까 40%가량 된
　　　　 다고 해야겠지?

나 달리 : 그러면 그중 50%인 10명에게만 OOO를 적용해보면 ABC 연
　　　　구와 비슷한 방식의 임상 연구를 진행하는 것이나 마찬가지
　　　　니 실제 결과와 ABC 결과를 비교해볼 수 있을 것 같아요.

최 과장 : 음, 그렇지. 그런데 미스 나? 내 인상이 좀 별로지?

나 달리 : 아니, 무슨 말씀이세요? 호탕하시고 좋은 분인 거 진작부터
　　　　알고 있었는데요.

최 과장 : 그런데 어디를 보나? 왜 창문을 보며 말하는 거야? 편하게
　　　　보라고.

상대방이 불쾌하게 여기지 않는다면 중요한 말을 할 때 상대의 눈을 바
라보면 말에 힘을 더할 수 있다. 이러한 '눈의 접촉(eye contact)'은 말하
는 사람에게 확신이 있다는 증거로 여겨질 수 있다. 더구나 중요한 메시지
를 전달하거나 고객의 행동 변화를 독려할 때 대화하면서 눈의 초점을 잃
고 방황하는 것은 치명적인 실수이다. 그런데 영업사원들이 수줍거나 어
색해서인지 눈의 접촉을 잘 못하는 경우를 종종 보게 된다.

유 순애 : 지난 구 의사회 모임은 어떠셨어요?

모 원장 : 좋았죠. 오랜만에 선후배도 만나고.

유 순애 : 그날 발표가 있었다고….

모 원장 : (눈을 피함)음, 배 원장이 발표를 잘하더라고.

유 순애 : '지난 모임 때 발표 자료에 대해서는 관심 없는 게 분명하군.
　　　　대화 주제를 바꿔야겠어.'

고객의 눈빛을 잘 살펴보자. 그러면 현재 상황에서 어떻게 대처해야 하는지 힌트를 얻을 수 있다. 고객의 눈을 잘 관찰하면 고객이 귀찮아하는지, 기분이 별로 좋지 않은지, 지금 대화 주제에 관심이 있는지 알아챌 수 있다. 뿐만 아니라 고객이 영업사원의 말을 이해하지 못하고 있거나 짜증스러워하고 있는지도 대개 간파할 수 있다.

구준의 대리가 유 교수를 처음 만나던 날, 구 대리도 고객의 눈빛을 놓치지 않고 대화를 끝냈다. 만일 고객이 영업사원의 말에 관심을 보이면, 이는 고객의 눈빛에 역력히 나타나게 되어 있다. 따라서 고객의 눈빛을 읽으면 대화 속도를 어떻게 조절할지, 고객을 대화에 끌어들이기 위해 더 노력해야 하는지, 또는 대화를 끝내야 할지 좀 더 진행할지 분간할 수 있다. 물론 너무 뚫어지게 눈을 바라보면 고객이 난처해할 수 있다. 따라서 자연스러우면서도 친근하게, 그리고 존경심 어린 눈길로 수시로 바라보는 게 좋다.

누군가에게 공을 던질 때 공을 잘 받을 수 있는지 확인하기 위해 상대방을 바라보게 된다. 마찬가지로 고객에게 메시지를 '던지고', 고객이 당신의 메시지를 '받고' 있는지 확인하려면 눈으로 고객을 바라봐야 한다. 예컨대 브로슈어나 논문을 전달하거나 일부 문구를 가리키면서 디테일링을 할 때는 고객의·시선이 그에 따라 이동하는지 짧게나마 바라보는 것이다. 이는 특히 업무와 관련된 대화를 할 때 고객의 반응을 살필 수 있는 좋은 기술이다.

이때 고객의 제스처를 함께 읽으면 더욱 효과적이다. 고객이 고개를 끄덕이거나 미소를 짓거나 혹은 경청하는 모습을 보인다면 '받았다'는 표시일 것이다. 상당수의 영업사원이 고객을 제대로 바라보지 못하는데 포기하지 말고 자꾸 바라보도록 연습해보라. 고객은 절대로 당신을 잡아먹지 않으리니.

- '눈의 접촉'은 상대방에게 관심이 있다는 표시이다. 또한 눈의 접촉은 확신을 갖고 말하고 있다는 증거이다.
- 뚫어지게 바라보면 상대방이 난처해할 수도 있고 무례하거나 공격적인 시선으로 오해할 수 있으니 자연스럽고 친근하게 바라본다.
- 눈의 접촉을 잘 유지하면 고객의 감정을 더 잘 파악할 수 있다.
- 자연스럽게 고객을 계속 바라보는 게 어렵다면 가족, 친구, 동료와 대화하면서 눈의 접촉을 더 많이, 더 오래 하는 것을 연습해본다. 또는 거울을 바라보면서 자신에게 몇 분간 디테일링을 해본다.

"다른 교수한테 가서도 이러나?"

영업 스킬이나 대화의 기술에 빼놓지 않고 나오는 것이 있다. 다름 아닌 '경청', 즉 잘 듣는 것이다. 사실 잘 들으면 고객에 대한 정보도 많이 얻게 되고, 감정까지 읽을 수 있다. 물론 잘 들으려면 기술이 필요하다. 정말 할 말 많은 한국인들이 인내심을 갖고 누군가의 말을 잘 듣는다는 것은 도를 닦는 것만큼 어려울지 모르겠다. 그래서 우리는 경청을 하기 위하여 더 노력해야 한다.

이번에 새롭게 제2점을 개원한 목솔희 원장을 처음 만나는 고길희 과장. 병원에 들어서는 순간 고가의 인테리어 자재와 곳곳에 놓인 소품을 유의해서 본다. 병원 경영에 대한 목 원장의 적극성이 여실히 드러나 보인다.

간 호 사 : Y사 들어가세요.

고 과장 : 감사합니다. 안녕하십니까?

목 원장 : 아, 어서 와요. 어제 오픈 했는데 정말 빨리도 오셨네요. 화
초 보내주셨죠? 고마워요.

고 과장 : 네, 처음 인사 드립니다.

목 원장 : 정말이지 너무 정신없어요. 이 간호사! 여기 시원한 주스 좀
부탁해요.

고 과장 : 배 원장님한테 말씀 많이….

목 원장 : 그래, 나랑은 죽마고우지. 중학교 때부터 친구니까 벌써 몇
년이야. 그 친구 말야.

고 과장 : ….

목 원장 : 이 지역 잘 알 테니 다른 병원 사정 좀 알려줘요. 약국이 들
어온다고 했는데 아직 안 들어와서 걱정이야. 혹시 돌아가는
사정 좀 알아요? 그리고 아파트 단지 믿고 오픈 했는데 전단
지가 충분한지 모르겠어요.

간결하고 정확한 것을 좋아하는 고길희 과장은 카랑카랑한 목소리에 쉴
새 없는 목 원장의 말이 그다지 듣기 좋지는 않았다. 중간에 자르고 싶은 마
음이 굴뚝같았지만 인내심의 한계를 시험하기로 하고 묵묵히 참기로 했다.
적당히 맞장구까지 치면서 말이다.

고 과장 : 목소리가 참 좋으시네요.

목 원장 : 하하하, 그렇죠? 사실 내가 성가대예요. 배 원장도 성가대였
　　　　는데 변성기를 잘못 치러서 말야 하하. 그래도 교회에서 의
　　　　료 봉사 갈 때는 꼭 같이 다녀. 여기 지역에서는 민 원장도
　　　　거기 멤버인데.

고 과장 : 의료 봉사요? 배 원장님, 민 원장님도요? 아 그러면….

　　고 과장은 20분 넘도록 '경청'하면서 새로운 고객인 목 원장의 성향, 생
활, 관심사 등은 물론 자신이 몰랐던 다른 고객들에 대한 좋은 정보까지
얻게 되었다. 인내의 대가치고는 꽤 괜찮은 결과였다.

　　양달희 사원은 언제나 자신을 반겨주는 최고봉 과장님을 콜 하는 날이
제일 즐겁다. 하지만 최근 처방을 늘리라는 압박을 받다 보니 제품 이야기
를 어떻게 꺼내야 할지 막막하다. 교육팀으로부터 배운 경청과 질문 노하
우를 적용해보기는 해야겠는데 어떻게 대화를 시작할지 고민이 앞선다.

양 달희 : 교수님, 지난번 A학회 심포지엄에서 스미스 교수 강의는 어
　　　　떠셨어요?

최 고봉 : 결과가 ○○○제품에 유리하게 나오기는 했는데 시험 방법과
　　　　베이스라인에 문제가 있어서 논란이 될 것 같던데.

양 달희 : 아, 그게 중간 결과라 그런 거래요. 별도로 코호트 분석을 할
　　　　예정인데 그렇게 되면 결과가 달라질 수도 있지 않겠어요?

최 고봉 : 우리 랩에서도 비슷한 걸 디자인했는데 선회할까 생….

양 달희 : 아! 그럼, 저희 이번에 YYY 임상 시험 계획 있는데 참여해
         보시면 어떨까요?

최 고봉 : 어떤 내용인데?

양 달희 : 참여하시면 메인 인베스티게이터(main investigator)로 해
         달라고 제가 부탁할 수도 있을 거예요.

최 고봉 : 뭐 내용을 알아야 참여할지 말지를 결정하지. 구체적으로 어
         떠….

양 달희 : 아마 교수님은 환자도 많고 이 분야 최고시니까 걱정 없을
         거예요.

최 고봉 : ….

양 달희 : 교수님, 그래서 말인데요. OOO 매출이 그다지 올라가지를
         않아요.

최 고봉 : 미스 양?

양 달희 : 네?

최 고봉 : 내가 미스 양 아껴서 하는 말인데 말야?

양 달희 : 네에~ 말씀하세요.

최 고봉 : 사람이 왜 귀는 둘이고 입은 하나인 줄 아나?

양 달희 : 네? 무슨….

최 고봉 : 잘 들으라고 귀가 둘인 거야! 도대체 왜 내 말을 안 듣는 건가?
         다른 교수한테 가서도 이러나?

양 달희 : 아니, 과장님. 죄송해요. 제가 너무 급하다 보니….

영업사원들은 자신이 고객의 말을 잘 듣는다고 생각한다. 하지만 상당수의 영업사원이 그렇지 못하다. 경청도 '습관'이다. 고객뿐 아니라 당신의 주변 사람들도 당신의 '듣는 습관'에 대하여 잘 알고 있을 것이다. 그들에게 물어보라. "나는 잘 듣는 사람인가요?"

- 듣는 것도 대화에 참여하는 것이다.
- 고객의 말을 잘 들으려면 눈을 사용해야 한다. 눈이 고객에게 집중해 있지 않으면, 주위의 산만한 정보가 눈으로 들어와 고객의 말을 놓치기 마련이다. 항상 눈의 접촉에 유의하라.
- 고객이 말할 때는 단순하게 듣지 말고 머릿속으로 그 의중을 생각해보라. 말의 의도나 목적이 무엇인지 고객의 머릿속을 염두에 두면서 듣는 것이다.
- 상황이 허락된다면 경청하면서 간단히 필기하는 것도 도움이 된다.

캄캄했던 유 교수 마음의 우물을 길어내다

열길 물속은 알아도 한길 사람 속은 모른다고 했다. 말이라도 해주면 고마운데, 고객은 절대 영업사원에게 속내를 드러내지 않는다. 신입 영업사원뿐만 아니라 베테랑 영업사원도 고객의 의중을 알아내려면 많은 관심과 예리한 관찰력이 요구된다.

알다시피 마음속에 있는 것을 알아내기란 매우 힘들다. 서두른다고 해서 알아낼 수 있는 게 아니다. 대부분의 고객은 얼마간은 신뢰를 쌓아야 겨우 감정을 털어놓기 때문이다.

영업 5년차에 접어든 구준의 대리에게 이번 팀 변경은 새로운 도전이다. 의원만 맡다가 대학병원을 맡게 되어 각오도 새롭다. 이제 고객이나 시장을 읽으면서 동시에 지난 교육 프로그램에서 배운 고객별 마이크로 마케팅 전략도 세워볼 참이다.

한 가지 아쉬운 게 있긴 하다. 전임자가 인수인계할 때 결혼 준비를 하느라 바빠서, 중요한 고객인 교수님 몇 분은 얼굴도 못 뵈었는데 전임자는 이미 퇴사해 버렸다는 점이다. 까다롭기로 유명한 유식해 교수도 그중 한 명이다. 유 교수는 전임자와 동행 방문하러 가긴 했는데 부재중이었다. 돌아오는 길에 전임자가 했던 말이 계속 맘에 걸린다.

"다행이네요. 사실 결혼 준비하느라 몇 달 동안 찾아뵙지도 못했는데 이렇게 인사 드리는 게 민망했거든요. 처음에 몇 번 방문했을 때 얼마나 속상하게 하시던지. 저 운 적도 있어요. 제 전임자인 우 대리도 울리셨더라고요. 인수인계하면서 얼굴 뵐 생각하니까 스트레스였는데 안 뵙고 가니까 오히려 전 마음이 놓이네요. 구 대리님도 애 좀 먹을 거예요. 이를 어쩌나."

구 대리 : (똑똑)

유 교수 : ….

구 대리 : (똑똑)

유 교수 : ….

구 대리 : (딸깍, 스르르)아, 안녕하십니까, 교수님.

유 교수 : …. 뭐요?

구 대리 : 예, Z사 OOO 담당 구준의라고 합니다. 전황후 대리가 결혼하면서 퇴사를 해서 제가 새롭게 담당하게 됐습니다. 처음 인사 드리겠습니다. 여기 명함….

유 교수 : …. 그래요…(명함을 쳐다본다).

구 대리 : ….

유 교수 : …. 뭐해요?

구 대리 : 네?

유 교수 : 안 나가요?

구 대리 : 아….

유 교수 : 인사 다 안 했어요? 인사 했으면 가봐요.

구 대리 : 아, 네…. 대학병원은 처음이라 부족한 게 많습니다. 열심히
    하겠습니다. 많이 가르쳐 주십시오.

유 교수 : ….

구 대리 : …. 그럼 다음 주에 찾아뵙겠습니다.

유 교수 : ….

구 대리 : 아, 안녕히 계십시오.

'아, 돌아버리겠다. 뭐지 이 침묵은. 내 인상이 안 좋은가? 날 제대로 쳐
다보지도 않던데 이렇게 긴장해 보기는 처음이야.' 구 대리는 전 대리가 했
던 말이 생각나면서 갑자기 울고 싶어졌다. 왜 하필 간만에 큰 병원을 맡
았는데 이런 고객이 걸렸을까.

이후 몇 차례 더 방문했지만 눈길조차 주지 않고 벽창호 같기만 한 유
교수. 심지어 팀장과 동행 방문한 날조차 몇 마디 듣는 둥 마는 둥 하더니
"알았다"고 한 마디만 건넨다. 지난 두 달간 처방량도 감소했다. 도대체 뭐
가 문제인지 당최 알 수가 없다.

안 팀장 : 유 교수가 올 가을 ABC 학회 때 발표하러 간다고 그랬지? 이
번에 본사가 메인 스폰서이기도 하니까 학회 여행 경비 지원
을 먼저 오퍼(offer)해 보는 건 어때?

구 대리 : 진작 말씀 드렸는데 "내가 거지인가? 병원에서 공부하라고 보
내주는 거니까 당신이 신경 쓸 일 아니야" 이러시더라고요.

안 팀장 : 전 대리가 크게 잘못한 게 있나? 흠….

구 대리 : 일단 계속 방문을 하면서 친숙해져야죠. 오지 말라고 하시는
것도 아닌데요.

영업을 하면서 이런 고객 한두 명쯤 겪어보지 않은 사람은 없을 것이다.
'그냥 나를 좋아하는 고객 몇 명 더 확보해서 실적 올리는 게 낫지 무시 당
하기는 싫어'라고 생각하기 쉽다. 하지만 구 대리는 겨우 해피 콜(happy
call) 정도 될지언정 석 달 동안 계속 얼굴을 익히고 있다. 이제 어느 정도
맷집도 생겼고 시키지 않아도 알아서 소파에 앉아서 교수님께 새로운 임
상 프로그램을 소개할 만큼 여유도 생겼다.

하루는 못 보던 넥타이가 눈에 띈다.

구 대리 : 선생님, 넥타이 멋있으신데요. 디자인도 세련되고 두툼하지
않은 게 저도 좋아하는 스타일인데 직접 사신 건가요?

유 교수 : ….

구 대리 : 저도 매장 알면 같은 디자인으로 약간 하늘색 계통으로 사고
싶네요. 보라색을 좋아하시나 봐요.

유 교수 : 와이프 취향이야. 결혼기념일 선물 미리 받은 거야.

'그럼 책상 한 쪽에 있던 케이크가 결혼 기념 케이크?' 구 대리는 유 교수가 불편하지 않을 만한 수위로 몇 가지 질문을 던졌다. 평소에 그렇게 모르쇠였던 유 교수는 짧지만 대꾸했고, 묻지도 않았는데 부인이 고질적인 위장병이 있다는 이야기부터 장인에 대한 이야기까지 줄줄이 꺼내는 게 아닌가.

구 대리는 이 대화를 통해 유 교수가 가정적이고 아내를 사랑하는 마음이 지극하다는 것을 알게 되었다. 지난 두 달 동안 부인의 위장병이 갑자기 재발해 저기압이었던 것은 물론, 그 탓에 몇 차례 외래 진료를 다른 의사에게 맡기고 외래 환자도 적게 받았다는 것도 알게 되었다.

'아, 그래서 처방량이 줄었던 게로군.' 유 교수에 대한 오해가 풀리면서 구 대리는 유 교수를 점점 더 깊게 이해할 수 있게 되었고, 질문도 분별력 있고 재치 있게 하려고 더 노력하였다. 참견하는 듯한 느낌을 주는 질문은 하지 않도록 주의하면서, 대화할 때 유 교수의 표정이나 어조의 변화까지 읽기 시작했다.

그런데 개원가에서 영업할 때와는 달리 좀 더 학문적인 접근이 필요할 때는 대화 수준을 맞추기가 어려웠다. 그래서 구 대리는 "저, 한 가지만 여쭙겠는데요. 발표 준비 중이신 연구 과제 내용 중에 XXX 결과는 OOO 임상과는 어떤 관련이 있는 건가요?"라며 겸손하면서도 재치 있게 대화의 물꼬를 트기 시작했다.

잘 듣다 보니 지난 POA(Plan of Action: 영업 마케팅 회의) 때 PM이 외국의 임상과 유사한 국내 임상도 고려하고 있다고 말한 것과 비슷하다. 유 교수에게 국내 임상에 대한 의중을 떠보니 관심을 보이기 시작했다. 다음 방문 때 PM과 같이 오겠다고 하자 유 교수는 중간 결과를 기록해놓은 초안 한 부를 챙겨줬다. 구 대리는 벅차오르는 마음을 숨긴 채 정중하게 인사를 하고 문을 나섰다.

영업 경력 5년차인데도 고객 접점을 만드는 것 자체가 어려웠던 유 교수. 이제는 깊이도 맛도 알 수 없는 캄캄한 우물 같았던 유 교수의 마음을 조금씩 길어내고 있는 듯하다. 동시에 넉 달 넘게 들인 수고가 결실을 맺는 것 같아 발걸음이 가볍다.

깊은 우물에서 물을 길으려면 바가지를 천천히 내려서 물의 깊이를 봐야 한다. 그런 후 줄과 바가지의 위치를 조절해가면서 물을 길어야 한다. 바가지로 열심히 푸기만 한다고 물이 잘 담기는 것이 아니다. 그렇다고 너무 바가지를 약하게 흔들면 물 표면만 훑게 된다. 이처럼 우물에서 물을 길어 올리는 일조차도 쉽지 않다. 요령이 필요한 것이다.

고객의 마음도 우물과 같아서 조심스럽게, 그리고 요령 있게 길어 올려야 한다. 그 요령은 바로 고객에 대한 깊은 관심, 그리고 재치 있는 질문이다. 끊임없이 질문만 해서도 안 되고, 지나친 관심을 보여 심사를 건드려서도 안 된다.

다른 우물(고객)을 파기 전에 현재 나의 고객의 마음속 깊은 우물에서 조심스럽고도 찬찬히 물을 길어 올려보자. 특히 관계가 소원했던 고객이 있다면 다음 5가지 항목을 기준으로 그동안의 관계를 되돌아보고 이를 기록해보자.

1. 현재 관계가 소원한 고객

2. 그의 성격, 주변 환경, 그동안의 대화 내용

3. 마음을 열지 못했던 원인들

4. 마음을 추리하기 위한 질문들

5. 실제 적용해본 사례

관계가 껄끄러웠던 고객을 떠올리고 그의 성격, 주변 환경, 그동안의 대화 내용을 적는 것이다. 그리고 마음을 열지 못하게 한 몇 가지 가능성 있는 이유를 적어본다.

고객의 마음을 더 알아내고자 질문을 만들 때는 예전보다 더 재치 있게, 그리고 부드러운 어조로 다듬어본다. 이를 실제로 적용해본 사례도 적어본다.

영업노트

- 무슨 이야기로 대화를 시작할지 선택하려면 우선 고객의 태도와 배경을 고려해야 한다.
- 일단 대화를 시작했으면 고객의 잘못된 말이나 반응을 일일이 문제 삼지 않는다.
- 고객이 반응을 보이지 않는다고 조바심 내거나 일방적으로 질문 공세를 퍼붓지 말자. 오히려 참을성이 많고 사려가 깊다는 것을 보여주면 고객은 당신이 유익하다는 감정을 느낄 것이다.
- 무엇보다 평소에 고객에게 많은 관심을 갖고, 표정이나 어조의 변화 등 작은 표시들을 예리하게 관찰해, 고객의 마음을 열 수 있는 '선택된 질문'을 하도록 한다.
- 제일 중요한 것은 고객이 내가 고객을 존중하고 있고, 고객을 대하는 나의 태도가 진지하다는 것을 느끼게 하는 것이다.

나 떨고 있니?

말하는 내용뿐 아니라 말하는 방법도 사람에게 큰 영향을 미친다. 목소리가 듣기 좋고 친근하며 친절하다면, 차갑거나 거친 목소리보다 훨씬 그 사람에게 호감을 갖게 된다. 물론 목소리는 타고나는 것이 사실이다. 하지만 어떻게 관리를 하느냐에 따라 목소리의 '기능'이 달라진다.

(뽀뽀뽀 클리닉)

모 원장 : 음, 자주 오네요. 용건 있을 때만 오면 되는데.

유 대리 : 원장님, 제가 오늘 준비한, 으흠, 준비한 자료인데요. 지난번 질문하신 임상 결과 때문에, 흠, 그래서 굳이 복합 요법 아니어도, 으음, 유의미한 임상 증상 개선을 기대할 수 있습니다.

모 원장 : (불편한 듯)그래, 잘 알았어요. 잘 볼게요.

유순애 대리는 약한 목소리가 늘 고민이다. 영업부로 옮긴 후 목을 많이 사용하면서 성대에 쉽게 무리가 오고, 고객과 조금만 오래 대화하거나 발표를 할 기회가 오면 목소리가 갈라지고 기분 나쁜 높은 음이 나와 스스로 움츠러든다. 후배인 나달리 사원이 낭랑한 목소리로 명쾌하게 발표를 할 때면 선배로서 부끄럽기도 하다.

유 대리 : 나달리처럼 목소리가 크고 낭랑하면 좋겠어요.

구 대리 : 유 대리 목소리가 어때서요.

유 대리 : 고객분들 대할 때도 자신 없어 보여서 말하면서도 내 말을 잘 듣고 계실까 확신이 안 서더라고요. 긴장해서 입도 잘 마르고 목소리가 쉽게 갈라져요.

구 대리 : 목소리가 조용하다고 꼭 전달력이 약한 건 아니에요. 듣기 좋

은 음이 풍부하면 상대방도 즐겨 들을 수 있어요. 저는 평소
유 대리님 목소리가 듣기 좋은 것 같던데.

백 과장 : 그런데 목소리 음량이 충분하지 않아서 전달력이 반감되는 것
같아. 사실 나달리 목소리도 코 막힌 듯이 맹맹할 때 있잖아.

나 달리 : 네, 맞습니다. 저도 가끔 목구멍과 입의 근육이 긴장하면 콧
소리가 나더라고요. 그래서 의식적으로 몸의 긴장을 풀면서
허밍 연습을 해요. 그리고 선배처럼 선생님들 앞에 서면 긴
장돼서 목소리가 잘 안 나와요.

유 대리 : 그렇구나. 나달리 씨가 워낙 크게 목소리를 잘 내서 그런 건
몰랐는데….

나 달리 : 저도 목소리에 자신이 없었어요. 그런데 대학 동아리 선배
가 호흡 조절만 잘하면 제 목소리의 개성도 살리면서 크게 나
온다고 훈련시켜 주더라고요. 제가 숨을 들이쉴 때 폐 위쪽
만 부풀린대요. 그러니 금방 숨이 차고 목소리에도 힘이 없
고 쉽게 지친다고. 저는 갈비뼈 아래쪽 배에 힘을 주거든요.
숨을 배로 쉬어요.

구 대리 : 아, 그래. 그리고 나달리 씨는 항상 앉아 있을 때나 서 있을
때나 어깨를 뒤로 젖혀서 자세가 바르더라고.

유 대리 : 그럼 내가 숨을 똑바로 안 쉬어서 그런 거구나. 호흡 조절이라….

백 과장 : 하나 더! 긴장을 풀라고. 유 대리는 너무 앞으로 몸을 숙여서
어깨와 목이 긴장한 게 느껴질 정도라고. 그러면 공명이 잘
안 일어나서 소리가 죽어.

고객과 아직 서먹한 사이이거나 처음 방문하는 자리라면 긴장돼서 목소리가 제대로 안 나오기도 한다. 하지만 목소리만큼 영업사원에게 중요한 무기가 없다. 목소리만 들어도 이 영업사원이 오만한지 겸손한지, 편협한지 관대한지, 딱딱한지 친절한지, 비판적인지 아닌지 등을 알 수 있다. 뿐만 아니라 고객은 영업사원의 목소리에 따라 대화를 계속할지 그만둘지를 결정하기도 한다.

편안한 목소리로 말하면 고객은 긴장을 풀고 듣는다. 반면 주눅 들거나 떨리는 목소리로 말하면 메시지 전달에 지장이 있게 되고 결과적으로 고객은 실망한다. 여기서 중요한 것은 목소리 자체가 아니라 '목소리의 기능'이다. 다른 사람의 목소리를 모방할 필요는 없다. 특색 있는 자신의 목소리를 만들되 적절히 호흡을 조절하고 근육의 긴장을 풀어서 좋은 목소리를 내보도록 하자.

우선 고객을 만나기에 앞서 문 앞에서 심호흡을 해볼 것을 권한다.

영업노트

- 적절한 숨 고르기와 근육의 긴장 풀기. 일단 이 두 가지만 신경 써 보자.
- 양손을 갈비뼈 아래 양옆에 대고 심호흡을 해보라. 호흡을 잘하고 있다면 공기를 들이마실 때 배가 들어가거나 어깨가 올라가지 않는다. 대신 갈비뼈가 약간 올라가면서 불거지는 듯한 느낌이 든다.
- 마신 공기를 단숨에 내뿜지 말고 차츰차츰 내뱉는다. 목구멍에 힘을 주어 날숨을 조절하려고 하면 비정상적인 높은 음의 목소리가 난다. 어깨를 뒤로 젖히고 똑바로 서서 천천히 숫자를 세면서 숨을 내쉬어 본다.
- 후두근은 물론 목, 어깨, 손, 무릎 등 온 근육의 긴장을 의식적으로 줄이면서 몸을 풀어본다. 이렇게 하면 공명이 잘되어 목소리 기능이 좋아진다. 목소리가 약하거나, 높은 음의 목소리가 나거나, 콧소리를 낸다 하더라도 이 같은 방법으로 연습을 하다 보면 고객도 자연스럽게 대화에 응할 것이다.
- 일주일 동안 매일 5분씩 호흡을 조절하고 긴장을 푸는 연습을 해보라.

누구에게나 고객은 어렵다. 고객이 어떻게 생각하는지, 어떻게 해야 고객이 반응하는지 알기란 참으로 어렵다. 특히 고객의 마음을 이해하는 것은 결코 쉽지 않다. 어쩔 때는 내 마음도 잘 모르겠는데 어떻게 고객의 마음을 일일이 헤아릴 수 있을까.

더군다나 신입 영업사원에게 이는 매우 난감한 과제다. 그러다 보니 신입들은 전임자나 선배, 경쟁사 직원으로부터 얻은 정보를 그대로 믿고 '이 고객은 이럴 것이다' 하고 섣불리 판단하곤 한다.

양 달희 : Y사에는 오래 다니셨어요?

나 달리 : 아뇨. 인턴 6개월 정도 하다가 영업으로 나온 건 1년 좀 안 돼요.

양 달희 : 음, 그렇군요. 저도 이제 2년차예요. 그런데 이렇게 큰 병원을 맡긴 걸 보니 회사에서 인정받나 봐요?

나 달리 : 뭘요. 저는 경력이 짧아서 팀 리더가 멘토처럼 수시로 도와줘요. 그래서 맡을 수 있는 거죠. 이 병원 오래 맡으셨어요? 저는 외과 선생님들은 아직 잘 모르는데.

양 달희 : 최 과장님이야 잘 아실 테고, 외과 의국장님 통하시면 될 텐데. 6개월마다 교대로 맡거든요. 이번에는 배 의국장님이랑 문 의국장님 둘 중에 한 명이 될 건데 아직 안 알아봤어요.

나 달리 : 아 네. 두 분 성향이?

양 달희 : 원래 외과 선생님들이야 호탕하고 급하고 직설적이고…. 아니 간호사 분들한테 정보 못 얻었나 보네. 좀 더 배우셔야겠다.

나 달리 : 네, 많이 알려주세요.

양 달희 : 문 의국장님은 공부하고는 거리가 먼 것 같죠? 지난번에 무
슨 공개강좌 같은 걸 했는데 일 만든다고 구박하고. 인물은
좀 되는데 성격은 영 아닌 것 같아요. 만날 소개팅 한 여자
얘기나 하고. 그 시간에 공부라도 좀 하지. 의국장 되면 제
약사 방문도 무슨 교실 기강 잡듯이 한다는데 뭐 별로 먹히
지는 않아요.

나 달리 : 아, 네.

양 달희 : 배 의국장님은 완전 샌님이에요. 왜 서전(Surgeon: 외과 전문의)
이 됐는지 모르겠어요. 똑똑하기는 해요. 그런데 다른 회사 직
원 말 들어보니까 회사 가려 가면서 지원 받는다고 하네요. 웃
기지 않아요? 떡 줄 생각도 않는데 자기가 먼저 가리게 하하.

나 달리 : 잠깐 뵈었는데 좋으시던데….

양 달희 : 경험해 보세요. 처음이니까 그렇겠죠.

양달희는 왜 이런 정보를 흘리는 걸까. 선의의 경쟁자라 생각하고 순수
한 마음으로 정보를 줬을 수도 있고, 잘못된 정보로 혼선을 주려고 했을
수도 있다. 아니면 스스로도 고객을 제대로 파악하지 못한 상태일 수도 있
다. 신입 영업사원이라면 이런 정보를 쉽게 받아들이고, 선입견을 갖고 고
객을 만날 수 있다. 다행히 나달리는 '직접 만나기 전에는 고객을 절대 미
리 평가하지 말라'는 선배들의 조언을 기억하고 있었다.

배 우 리 : 프레젠테이션 잘한다고 소문났던데요.

나 달 리 : 아, 네. 감사합니다. 그러고 보니 그날 못 뵀던 것 같아요.

배 우 리 : 아마 예비군 훈련이었을 거예요.

나 달 리 : 지난번 등록 임상 계획서 때문에 방문해달라고 했던 건이요.

배 우 리 : 사실, 제가 그것 때문만은 아니고….

나 달 리 : (속으로)'흠, 지난번 양달희 씨가 이야기한 대로라면 우리 회
　　　　　 사는 지원을 요청하고 싶은 회사라는 건가. 젠틀하게 봤는데
　　　　　 난감해지게 됐네. 어떻게 거절하지?'

배 우 리 : 그래서 지원금이 좀 더 책정됐으면 해요. 그리고 약속한 임상
　　　　　 은 저도 환자가 많아서 제가 계속 관리할 거고요.

나 달 리 : 말씀하신 대로 임상 시험 때문이라는 것은 충분히 이해했는
　　　　　 데 두 임상이 관련된 게 아니고, 더구나 저희 제품을 어떻게
　　　　　 사용하실지 자세한 정보도 없이 제가 섣불리 가타부타 말씀
　　　　　 드리기 곤란하네요.

　나달리는 문을 나서며 왠지 배 의국장이 임상을 핑계로 의국 지원을 바란 게 아닌가 고민하게 되었다. '대놓고 의국 지원을 못하니까 임상 시험을 새로 만들겠다는 거 아냐? 결국 배 의국장도 내부 비즈니스를 하는 수밖에 없나보네. 실망이군. 아예 노 하고 나올 걸.'

　나달리는 비교적 학구파라고 여겼던 배 의국장에 대한 기대가 무너지는 것 같아 어깨가 무겁기만 하다. 한데 이번에는 악명 높은 문 의국장을 만나러 가야 한다는 생각에 오늘은 여기서 콜을 접을까 고심한다.

문 직 이 : 어, Y사!

나 달 리 : 아 네, 안녕하세요 선생님.

문 직 이 : 아니 우리 병원 임상 계획하고 있는 거 노 했어?

나 달 리 : …?

문 직 이 : 배 의국장한테 들었는데, 반 과장님이랑 U병원이랑 공동 연구하는데 워낙 기금이 많이 들 것 같아서 조금씩 임상 펀드를 의뢰하고 있거든. 근데 Y사에는 원료 의약품만 부탁한 건데 그것도 어려운 거야? U병원 스미스 교수는 Y 본사에서 가능하다고 들었다는데.

나 달 리 : 아니, 저는 그렇게 안 들었는데.

문 직 이 : 배우리가 미안하고 쑥스러우니까 돌려서 말해서 그렇지. 이번에 U병원이랑 국제 임상 결과가 잘 나오면 논문에도 싣고 학회에서도 발표할 건데.

나 달 리 : 그럼, 저희랑 약속된 등록 임상 관리는 배 선생님이 전담하는 거고요? 기한 내에 모두 완료시켜야 하는데.

문 직 이 : ….

나 달 리 : 원래 반 교수님이 책임지고 하시는 줄 알고 제가 환자 수도 많이 할당 받은 건데요.

문 직 이 : (나지막이)나달리 씨, 우리가 약속한 건 지킬 거예요. 나, 배우리, 그리고 우리 교실 웬만한 선생들이 공동 국제 연구에 매달리고 있어요. 그 영향이 크니까 바쁜데도 시간 쪼개서 잠도 안 자가며 실험하고 있다고요. 배우리나 나나 Y사와 임상

하는 거 환영하지 않았어요. 하지만 약속을 했기 때문에 지금 잊지 않고 계속 팔로업(follow up)하고 있다고요. 지난주 꼬박 밤새면서 정리도 다 했고. 자 이거 보세요.

나 달리 : (당황하며)정말 다 정리해놓으셨네요. 배 선생님이 그 얘기는 안 하셔서….

문 직이 : 나달리 씨에 대한 과장님의 애정이 각별해서 우리 교실에서도 Y사는 특별 대우해주고 있단 말이에요.

병동을 나서며 나달리는 울고 싶어졌다. 정확하게 설명해주지 않은 배 의국장도 야속하고, 원성이 자자한 문 의국장한테 차분한 어조이긴 했지만 혼난 것도 왠지 서글펐다.

구 대리 : 크크, 그래서 젊은 선생님들한테 한 방 먹었구먼 하하.

나 달리 : 저 많이 우울해요.

구 대리 : 어렸을 때 의대 가고 싶어한 적 없어?

나 달리 : 네? 공부 잘해야 되잖아요. 전 성적도 안 되고, 그렇게 공부에 매달리기도 싫었어요. 그리고 만날 아픈 사람만 보는데요.

구 대리 : 봐봐, 이 사회에서 의사가 된다는 건 결코 쉬운 일이 아냐. 어려서부터 놀고 싶은 거 다 포기하고 정말 공부만 한 사람들이야. 그렇게 열심히 공부해서 의대 합격하면, 다른 대학생들처럼 노나? 그리고 의대 졸업한다고 그냥 전문의 주나? 실습하지, 수련하지, 하루에 서너 시간밖에 못 자고 환자 보는 일

도 다반사야. 게다가 아침에 회진 돌아, 수술실 없어서 새벽
에 수술 잡히면 일찍 병원에 출근해…. 그런 게 의사라고.

나 달리 : 알았다고요. 누가 뭐래요. 저는 오늘 감동했단 말이에요. 두
선생님 모두 그렇게 힘들게 일하시면서 제가 부탁한 자료 잘
준비해줘서. 선배는 의원에 있을 때 밝히는 분들 흉도 보셨
으면서, 왜 저한테만 뭐라고 하세요.

구 대리 : 아무리 그래도 내가 만난 의사 선생님들 중에 장사꾼은 없었
다. 내가 놀란 게 뭔지 알아? 의사들은 중요한 순간에는 자신
이 의사라는 것을 절대 잊지 않는다는 거야. 의사로서의 양
심, 그리고 명예 같은 거 말야. 선배, 스승, 그 스승의 스승한
테서 배운 게 그런 것들이고 이런 걸 뼛속까지 스며들도록 훈
련 받았는데 그게 어디 가겠냐?

제약영업 경험이 많은 분들은 제약영업을 '프리미엄 영업'이라고 부른
다. 고객이 의사라는 소위 '하이 클래스'이기 때문이다. 그런데 환자들이
또는 언론에서 의사들이 돈이나 밝히는 원흉쯤 되는 양 비난하는 것을 가
끔 접하게 된다. 물론 불친절하거나 커뮤니케이션이 세련되지 않은 의사
들이 있어서 영업사원들도 그런 마음이 들 때가 없지는 않다.

그러나 구 대리 말마따나 의사들은 스스로를 끊임없이 채찍질하면서 오
랫동안 공부를 해왔으며, '생명을 건 학문'을 공부하기 위하여 선배와 스
승으로부터 혹독한 훈련을 받은 사람들이다. 제약영업사원이 잘못된 선입
견으로, 혹은 언론에 보도된 일면만을 곧이곧대로 믿고 의사 고객을 대해

선 안 된다.

그들은 이른바 '히포크라테스의 후예들'이다. 고도의 직업 정신이 요구되는 의술을 행하고 있으며, 이를 위해 오랜 기간 치열하게 연구해온 전문가들이다. 이들에게 섣불리 비즈니스나 얄팍한 지식으로 접근해서는 관계가 제대로 형성될 리 만무하다.

잊지 말라. 우리가 대하는 고객은 분명 다르다는 사실을.

히포크라테스(Hippocrates, BC 460~377)는 보통 '의학의 아버지' 또는 '의성(醫聖)'이라고 불리는 그리스의 의사다. 익히 알고 있는 히포크라테스 선서는 히포크라테스가 말한 의료의 윤리적 지침으로 의사가 될 때 이 선서를 한다.

···▶ 히포크라테스 선서

1. 나의 은사에 대하여 존경과 감사를 드리겠노라.

2. 나의 양심과 위엄으로써 의술을 베풀겠노라.

3. 나의 환자의 건강과 생명을 첫째로 생각하겠노라.

4. 나는 환자가 알려준 모든 내정의 비밀을 지키겠노라.

5. 나의 위업의 고귀한 전통과 명예를 유지하겠노라.

6. 나는 동업자를 형제처럼 생각하겠노라.

7. 나는 인종, 종교, 국적, 정당 정파, 또는 사회적 지위 여하를 초월하여 오직 환자에 대한
   나의 의무를 지키겠노라.

8. 나는 인간의 생명을 수태된 때로부터 지상의 것으로 존중히 여기겠노라.

9. 비록 위협을 당할지라도 나의 지식을 인도에 어긋나게 쓰지 않겠노라.

이상의 서약을 나의 자유의사로, 나의 명예를 받들어 하노라.

실전에 적용하기

30초에 승부를 걸어라

  의사처럼 바쁜 고객도 없다. 환자 진료, 회진, 잦은 회의, 임상 시험, 세미나 준비, 논문 준비 등 할 일이 태산이다. 보직 교수라면 병원 업무, 관련 학회 업무, 심지어 제약사 영업사원 방문까지…. 안쓰러울 정도로 너무나 바쁜 스케줄을 소화해낸다. 그렇다고 의사 선생님들 편히 쉬시라고 방문을 그만둘 수는 없다.

  물론 만나기에 적절한 시간대를 잡아서 고객을 방문해도 언제나 얼굴을 뵐 수 있는 것은 아니다. 그래서 어쩌다 복도에서 얼굴만 봐도 반갑기 그지없다. 어쨌든 콜 노트(call note)에 기록을 남길 수 있으니.

(병원 복도)

양 달희 : 어? 교수님, 연구실로 찾아뵈었는데 안 계셔서….

반 교수 : 그래그래. 특별한 거 없지?

양 달희 : 지난번 부탁하신 임상 연구 계약서 갖고 왔는데….

반 교수 : 아, 그거? 사무실 조교한테 두고 가. 다음에 보지. 미안.

양 달희 : 네, 알겠습니다.

  양달희는 분명 콜 노트에 멋지게 '임상 시험에 대하여 협의', 뭐 이런 식으로 적었을 게다. 하지만 정말 콜 노트에 적은 대로 서로 협의가 된 건가?

(병원 복도)

사 치 오 : B사 키요시 상, 제가 약속을 못 지켰군요. 갑자기 일정이 생겼어요. 오늘 특별한 용무가 있나요?

키 요 시 : 사실 새로운 논문이 나와서 시간을 내서 말씀 드리려고 했는데 교수님이 바빠 보이십니다. 다음 주 화요일에 다시 찾아뵙기로 하고, 간단한 브로슈어만 남겨 드리겠습니다.

사 치 오 : 그 논문과 관련된 건가요?

키 요 시 : 네, 이 그래프를 보시면…(중략)…. 교수님, 이 결과에 대한 상세한 내용을 다음 주 화요일에 소개하도록 하겠습니다. 브로슈어는 놔두고 가겠습니다.

사 치 오 : 아, 그럽시다. 다음 주에 봅시다.

사실 필자도 복도에서 디테일을 몇 번 시도했지만, 그다지 멋지게 소화하지는 못한 것 같다. 그래서 일본의 B사 키요시 씨의 사례를 들었다. 1990년대만 하더라도 고객과 만나는 시간이 평균 9~10분이었던 때가 있었다. 하지만 최근에는 고객 방문 시간이 평균 5분 이내라는 조사 결과가 있다. 따라서 30초 만에 전달할 수 있는 디테일링 메시지를 준비해야 한다. 5분 정도 고객 방문을 한다 해도 제품에 관하여 대화할 수 있는 시간은 길어야 1분 이내이기 때문이다. 만약 디테일링 메시지를 잘 준비하지 않으면 '얼굴만 보고 오지요'가 되고 만다.

위 사례에서 키요시는 복도에서 브로슈어 꺼내는 것을 부끄러워하지 않았다. 어떻게 그럴 수 있을까? 키요시는 '나는 의사가 정확한 제품 정보를 가지고 환자에게 이를 적용할 수 있도록 MR(Medical Representative)로서 최초의 메신저 임무를 맡았다'고 믿기 때문이다. 키요시의 소명감이 낯뜨겁게 느껴질 수도 있다. 하지만 30초라는 찰나에도 영업사원은 MR로서 소기의 목적을 달성하기 위해 최선을 다해야 한다.

할리우드의 시나리오 작가나 감독이 제작사의 지원을 받기란 쉽지 않다. 더구나 엘리베이터에서 바쁜 제작자를 만나 작품을 설명하고 지원까지 받는 일이 가능할까?

1분 남짓 되는 엘리베이터 이동 시간에 제작자를 설득한다고 해서 일명 '엘리베이터 토크(elevator talk)'라고도 불리는 1분 스피치는, 영업사원이라면 꼭 훈련해봐야 하는 과정이다. 짧은 시간 내에 효율적으로 디테일링을 할 수 있는 '디테일링 4대 원칙'과 '디테일링 훈련법'을 소개한다.

···▶ 디테일링 4대 원칙

  1. 쓸 만한 자료를 준비하되 너무 많이 준비하지는 말라.

  2. 모든 문장을 암기할 필요는 없다. 주 메시지를 잘 새겨 두라.

  3. 각 메시지를 전달할 때 얼마나 시간을 들일지 미리 체크해두라.

  4. 준비할 시간이 부족하다면 어떤 내용을 생략할지 생각해두라.

···▶ 디테일링 훈련법

  • 최근 주로 배포하고 있는 브로슈어, 리플릿, 논문 등을 준비하라.

  • 처음부터 끝까지 읽고 나서 주요 메시지를 정리하라.

  • 주요 메시지의 표현을 분석한다.

  • 각 페이지마다 언급된 소주제(sub message)가 주요 메시지와 어떤 관련성이 있는지 알아본다.

  • 그림, 도표, 그래프 등 핵심 메시지를 전달하는 데 도움이 되는 내용을 검토한다.

  • 주요 메시지를 활용해 자신만의 표현으로 1분 이내의 디테일링 스토리 보드를 만든다.

  • 직접 소리 내어 디테일링 메시지를 연습한다.

  • 표현이 어색하거나 발음하기 어려운 단어는 말하기 쉬운 단어로 바꿔본다.

  • 강조해야 할 단어나 확신을 갖고 전달해야 할 메시지에 표시하고 다시 연습해본다.

  • 자신이 연습하는 것을 녹화하거나 녹음해본다. 요새 컴퓨터는 대부분 마이크도 내장돼 있고 녹음 기능도 있으니 이를 이용해도 좋다.

  • 메시지 전달력, 목소리, 태도 등 전반적으로 개선할 점을 적고 다시 연습한다.

모든 패를 보여줄 필요는 없다

우리는 오늘만 고객을 만나는 것이 아니다. 따라서 메시지를 전달할 때도 한 번에 모든 것을 알아내거나 털어놓으려고 해선 안 된다. 콜을 이어가려면 항상 전달할 메시지 또는 대화 주제가 있어야 하기 때문이다. 즉, 정보 전달의 긴급성을 따져서 추후에 사용할 수 있는 '패'를 남겨 놔야 한다.

도 도혜 : 제 담당 지역의 원장님이 PQ 결과에 만족하셔서 실제로 대상 환자에 적용해 보시겠다고 하셨어요. 그런데 다들 처방을 시작하셔서 딱히 브로슈어로는 전달할 게 없는 거 있죠.

박 과장 : 나도 마찬가지야. 마케팅부에서 뭔가 브로슈어를 새롭게 제작해 주든지 기믹(gimmick: 볼펜이나 메모지 등 작은 판촉물)이라도 줘야지 오프닝 하기 참 난감해. 딱히 새로운 임상 결과도 아니었잖아.

성 과장 : 아니, 그렇다고 매번 논문을 사거나 브로슈어를 제작할 수는 없죠. 고 과장님도 많이 힘드세요?

고 과장 : 아쉬운 건 사실이지만, 나 같은 경우에는 원장님들한테 어떤 환자에게 주로 적용하셨는지, 환자들의 경과는 어떤지 여쭤보고 다른 병원 가서 어떤 차이점이 있는지 물어봐서 그 의견들을 적절하게 대화 주제로 사용해요. 그리고 논문은 아직 사용 안 했어요.

도 도혜 : 네? 아니, 왜요?

고 과장 : 모든 고객이 논문을 선호하지는 않아. 지금은 브로슈어로 시

작했고, 고객들 반향을 보느라 논문은 몇 분한테만 드렸어.

성 과장 : 일단 PQ 임상 대상 환자들과 실제 적용하는 환자들이 어떤
지 나가서 질문을 해보시고, 선생님들 피드백을 받아오세
요. 다음 주에 필드 메시지(field message)를 어떻게 갖고 갈
지 고려하겠습니다.

영업사원은 고객마다 정해진 타깃 콜(target call)이 있다. 실적뿐만 아니라 고객 방문 관리 또한 중요한 평가 항목이기 때문이다. 그래서 '방문의 지속성(call continuity)'에 신경을 써야 하고, 언제나 다음 방문을 준비해야 한다.

예를 들어 고객이 여러 가지 질문을 할 경우 몇 가지만 대답해주고 한두 가지는 다음 방문 때 더 알아보거나 조사한 후 결과를 알려드리겠다고 제의하는 것이다. 고객이 질문을 하지 않거나 계획된 콜 메시지를 모두 사용했다면 고객이 관심을 끌 만한 질문을 던지고 나서 다음 방문 때 더 자세히 알아보겠다고 제의한다.

고길희 과장처럼 한 고객에게 얻은 정보를 다른 고객에게 질문이나 메시지로 활용해보는 것도 괜찮은 방법이다. 방문의 지속성에 대해서는 2부에서 더 자세히 다룰 것이다.

디테일링으로 육탄전에 임하다

제품을 살 때 광고만 보고서 바로 구매하는가? 자동차를 살 때 대리점 영업사원과 처음 만나 계약서에 사인하는가? 이런 경우는 극히 드물다.

제약영업도 마찬가지다. 따라서 당신은 "고객이 나의 제품을 구매하는 동기가 무엇일까?"라고 스스로에게 질문을 던져보아야 한다.

영업 시 고객을 대하는 태도나 방법, 활동을 차별화해야 한다는 이야기를 많이들 한다. 하지만 언제나 중요한 것은 제품이다. 고객은 나 때문이 아니라 나의 제품이 필요하기 때문에 그 제품을 선택한다.

상당수의 영업사원들이 고객을 만날 때마다 반드시 해야 하는 것인데도 어려워하는 것이 바로 '디테일링'이다. 당신이 의사라면 디테일링을 하지 않는 영업사원을 어떻게 볼 것 같은가? '하긴 내가 의사인데 당신이 알면 얼마나 알겠어?', '약이나 팔아먹는 약장수', '기껏해야 몇 가지 적응증(適應症: 어떠한 약제나 수술 따위에 의하여 치료 효과가 기대되는 병이나 증상) 갖고 판매하는 거지 뭐'….

만일 고객이 당신을 이렇게 생각한다면, 당신을 위해서나 당신의 회사를 위해서나 빨리 조직을 떠나야 한다.

(상황 1)

최 교수 : 아니, OOO가 뭐가 필요해. 외과 수술이면 된다고. 도대체
　　　　　기존의 XXX보다 뭐가 낫다는 거야. OPQ 결과야 플라시보
　　　　　(Placebo: 임상 결과를 비교하기 위한 약효 성분 없는 대조군 약물
　　　　　로 시험약과 동일한 모양으로 만듦)랑 비교했으니 그 수치에 대
　　　　　해서 나를 설득하려고 하지 말라고.

나 달리 : 과장님, 그렇게 생각하시는 구체적인 이유가 임상 결과 때
　　　　　문인가요?

최 교수 : Z사나 나달리 씨나 시골 장터에서 그 뭐야 북 치는 약장수랑 뭐가 달라. 밀가루 약 팔면서 말이야.

나 달리 : OPQ 임상 디자인은 플라시보보다 낫다는 결과를 위한 것이 아니라 정확한 결과를 이끌어내기 위해….

최 교수 : '똥약'이라고. 자네는 똥약 팔고 있다니까.

나 달리 : 교수님, 저는 제가 파는 약이 시골 장터에서 파는 근거 없는 약이 아니라 과학적인 접근 방식으로 진행된 임상 시험 결과를 통해 입증된(evidence based) 약이라고 믿고 있습니다. 제가 아직 경험이 부족하고 임상 논문을 충분히 숙지하지 못한 게 아쉽기는 하지만, 교수님께서 수술 후 환자에게도 자신 있게 사용할 수 있는 옵션이라는 자료를 준비해서 다시 방문하도록 하겠습니다.

(상황 2)

민 원장 : 저는 사실 특정 제약사 제품만 선호하지는 않아요.

박 과장 : 그럼요. 원장님의 견해를 알려주셔서 감사합니다. 그렇지만 저희가 제공하는 프로그램 U에 참여하시면 여러 제품의 임상 결과와 다르다는 것을 느끼실 겁니다. 벌써 프로그램 U에 100명 넘게 참여하고 계시다는데 원장님께서만 빠지시면 좀 그렇지 않습니까?

민 원장 : 생각해볼게요. 하지만 강요는 말아주세요.

유 교수 : XY 결과에 대해서는 반대하지 않지만, 국내 사정과 동일하
다고 생각하지는 않아요.

구 대리 : 선생님, 솔직한 의견 감사합니다. 그럼 혹시 국내 사정이라
하심은, 예를 들어 어떤 것을 생각하시는 건지 여쭤봐도 괜
찮을까요?

유 교수 : 예를 들어 한국 환자들의 xyo 수치는 서양 환자에 비해 낮
더라도…(중략).

구 대리 : 그러시군요. OO와 XY 결과를 직접 연결해서 생각하지 않을
수도 있지만, PO 임상 연구의 중간 결과에서 보셨듯이…(중
략)…. 제가 논문이 하나 있는데요…(중략).

유 교수 : 지금 나를 가르치려 드는 건가?

구 대리 : 교수님, 혹시 제가 불편하게 해드렸다면 사과드립니다. 부
족하지만 제가 알고 있는 논문이 관련된 듯해서 말씀 드린다
는 것이 오해를 일으킨 것 같습니다. 교수님께서 많은 환자
에게 OO를 사용 중이셔서 XY 결과를 지나칠 정도로 말씀
드렸네요.

유 교수 : ….

구 대리 : 오늘 솔직한 견해를 말씀해주셔서 감사 드리고, 말씀하신
xyo 수치와 OO 제품의 연관성 자료가 있는지 알아보고 다
음 방문 때까지 준비해보도록 하겠습니다.

유 교수 : 나야 내 소신껏 OO 처방하는 거니까, 자꾸 가르치려 드는

건 원치 않아요.

구 대리 : 제가 오히려 교수님께 배우고 있습니다. 감사합니다. 다음 방
문 때 혹시 더 필요한 내용은 없으실까요?

유 교수 : 그냥 평소처럼 오면 되지 뭐.

(상황 4)

목 원장 : 나야 지 과장님이 밝아서 좋아요. 지난번 콩트 복사해온 것
요긴하게 써먹었잖아요, 하하.

지 과장 : 역시 원장님 최고입니다. 오늘 신문에 재미있는 기사가 나
서 그것도 준비하려고 했는데 복사기가 고장 나서 오늘은 그
냥 왔어요.

목 원장 : 괜찮아 괜찮아. 더울 텐데 시원한 주스 어때요?…(중략)

지 과장 : 아 참, 원장님, 월말이 얼마 안 남아서 그런데 처방 좀 늘려
주세요.

목 원장 : 그래요? 그럼 내가 도와줘야지. 걱정 마세요.

당신은 어떤 영업사원에게 점수를 주겠는가? 과정을 무시한 채 결과만
을 중시하는 사람이라면, 처방 확답을 받은 영업사원에게 후한 점수를 줄
지 모르겠다.

나달리 사원, 박식해 과장, 구준의 대리, 지질희 과장의 콜은 어느 누구
도 완벽하다고 할 수 없다. 그렇다. 우리 모두 완벽하지 못하기 때문에 정
답이란 있을 수 없다. 다만, 영업사원이 진정한 디테일링을 했느냐 하는

측면에서 냉정한 분석을 해보는 것이 유익할 것이다.

우선 나달리는 제품 정보 이외의 임상 정보를 숙지하지 못한 채 고객의 비평적인 질문과 이의 제기에 세련되게 대처하지 못했다. 그래서 아마도 차분함을 잃어버렸을 게다. 그러나 한 가지 높이 살 만한 것은 있다. 고집스러운 면은 보였지만 자기 제품에 대한 강한 확신이 말투에 배어 있었다는 점이다.

박식해 과장은? 미지근한 고객이라 그런지 디테일링도 미지근하기 그지없다. 제품은 온데간데없고 프로그램으로 접근하겠다는 것이다. 물론 이는 전술적으로 선택한 방법이었겠지만 만일 마케팅부에서 기획하는 프로그램도 딱히 없고 더군다나 영업 예산까지 줄면 어쩔 텐가? 아마 매번 마케팅부는 전략이 없다느니, 대포는커녕 필드에서 싸울 총알도 안 준다느니 고질적인 불평을 늘어놓을 것이다.

구준의 대리는 고객이 이의를 제기하자 과민 반응을 나타내지 않고 근거 자료를 충분히 이해하고 차분하게 자신의 표현을 쓰면서 접근하였다. 고객의 의견도 존중하고 적절히 칭찬도 겸하면서 논쟁이 아닌 설득을 하려 했다. 고객의 독단적인 견해를 일일이 문제 삼지도 않았다. 언제나처럼 어려운 고객을 상대하면서 대화를 계속해야 할 때와 중단해야 할 때를 판단할 수 있는 재치가 엿보인다.

구 대리는 오늘 콜 노트에 '처방 요청'이나 '처방 확답'이라고는 기재할 수 없을지 모른다. 그러나 분명 다음 방문 때는 유 교수의 학술적인 식견에 자극을 줄 자료를 준비해서 '생산적인 방문(productive call)'을 할 것으로 믿는다.

지질희 과장은 정말 사람 좋고, 의원 선생님들과도 잘 맞는 영업사원이다. 최신 뉴스나 이야깃거리를 영업 툴로도 활용하고 나름 개인적인 전술을 쓰는 듯하다. 그러나 도대체 무엇을 팔고 있는 거냐고 묻고 싶지 않은가? 웃음 몇 번으로 처방을 이끌어냈다고 해서 박수 칠 수만은 없다.

제품 디테일링 없이 인간관계로만 접근하게 되면 제품이 고객에게 어떻게 인지(perception)되었고, 어떻게 포지셔닝 되어 있는지 알 수가 없다. 그저 인간관계로써 제품을 처방하고 있다면 그 제품은 사상누각과도 같아서 경쟁 제품이 고객의 마음을 사로잡게 되면 흔적도 없이 밀려난다.

전임자가 그만둔 지역에서 처방이 썰물처럼 빠져 나가는 경우가 있다. 그런 지역의 고객들은 브랜드 선호는커녕 브랜드 인지조차 제대로 되어 있지 않다(물론 그렇지 않은 경우도 있다. 이 내용을 당신의 매출 저조에 대한 변명으로 절대 사용하지 말 것!).

과연 무엇이 문제일까? 영업본부장, 사업부서장, 심지어 사장 등 영업 베테랑들이 공통으로 강조하는 것이 있다. 바로 '영업의 기초는 디테일링'이라는 것이다. 판촉 활동을 위한 투자 비용으로 따지면 영업사원이 비용은 가장 많이 드는데 효율성은 낮다고 한다. 그런데도 영업사원은 반드시 필요하고 앞으로도 영원히 그럴 것이다. 도대체 왜 그럴까? 그것은 바로 디테일링 때문이다. 세미나, 광고, 임상 연구, 샘플링 등 다양한 판촉 수단이 있긴 하지만 고객과의 접점에서 고객의 마음을 움직이는 실질적인 설득 방법은 다름 아닌 영업사원의 디테일링이다.

제약영업계라는 전쟁터에서 전국 규모의 광고나 론칭 심포지엄 또는 공중 투하식으로 캠페인을 실시한다고 해서 전쟁에서 이길 수 있을까. 그렇지 않다. 고지를 점령하고 그곳에 깃발을 꽂는 것은 병사들이다. 이것이 진정한 승리다.

전쟁 영화를 보면 적진을 완전히 점령하기 위해서는 병사들이 나서야 한다. 때로는 맨몸으로 적을 맞닥뜨릴지도 모른다. 그런데 평소에 훈련을 제대로 하지 않았다면 아무리 아군이 승기를 잡고 있다 해도 적과의 일대일 육탄전에서 실패할 수 있다.

평소에 공부를 게을리하고 제품 디테일링에 힘 한 번 못 써보는 영업사원도 이와 다를 바 없다. 오늘도 그저 콜 노트에 부끄럽게 방문 기록만을 적고 있다면, 초심(初心)으로 돌아가 영업의 기초부터 닦아 보자.

영업노트

- 대부분의 영업사원은 고객 방문 자체를 어려워하지는 않는다. 하지만 고객에게 무엇을 말해야 할지에 대해서는 주저한다. 고객이 행동하도록 하려면 무엇을 말할지 정확하게 알고 이를 효과적으로 전달해야 한다. 이것이 진정한 디테일링이다.
- 디테일링은 정보와 지식만으로는 부족하다. 디테일링을 잘하려면 평소에 충분히 연습을 해야 한다. 다양한 상황에서 어떻게 디테일링 할지 자신만의 시나리오를 준비해두자.

성공하는 디테일링을 훈련하라

자신의 말로 표현하라 | 기본적인 메시지를 전달하는 브로슈어나 리플릿이 있다면, 그 안의 핵심 메시지를 충분히 이해한다. 메시지의 내용을 자신의 말로 표현해낼 수 있어야 한다. 우선 자신의 메시지가 고객에게 가치가 있다고 확신한다. 30초나 1분 정도로 가상의 디테일링 스토리 보드를 만든다. 평소 혼자서 또는 팀 회의 때 가상의 디테일링 스토리 보드를 가지고 연습해본다.

반드시 반복하여 연습하라 | 반복해서 디테일링을 연습하다 보면 표정과 몸짓, 강조할 표현 등에 대하여 익숙해진다. 또 예기치 않은 고객의 반응에도 유연하게 대처하게 된다. 반복된 훈련을 하면 디테일링 할 때 확신에 찬 말투를 쓰게 되며, 이에 따라 고객은 당신의 말을 진지하게 듣고 행동까지 변화할 확률도 높아진다.

지난번의 대화와 주변 사람을 활용하라 | 정보를 간단히 전하는 디테일링에는 아주 능숙해져서 나름 즐기고 있을지 모르겠다. 그러나 이제 고객과 제품, 그리고 제품을 실제 임상에 접목하는 것에 대하여 좀 더 상세한 토의를 하기 위해 고객 방문을 해야 한다면, 디테일링이 너무 벅차 보일 수 있다.

물론 너무 걱정할 건 없다. 우선 지난번 방문 때 남긴 브로슈어나 논문의 내용에 대하여 먼저 이야기한다. 물론 그렇게 하려면 미리 준비해야 한다. 만일 그 정도의 능력을 갖추지 못했다고 느껴지면 다른 선배나 의학부, 마케팅 PM, 상사 등 경험 많은 동료의 도움을 받도록 한다.

사내 교육 프로그램을 활용하고 코칭을 받아라 | 영업 기술은 물론 대고객 커뮤니케이션 등 회사에서 제공하는 모든 교육 프로그램을 온전히 활용하라. 다른 동료나 선배, 팀장, 부서장, 사업부장, 가능하다면 사장과도 대화를 하거나 이들과 고객을 동행 방문하면서 그들의 도움과 격려를 기꺼이 받도록 하자.

디테일링 시 주의할 점 | 절대 설교조로 말하지 말라. 고객이 당신의 디테일링에 이의를 제기할 때도 과민 반응하지 말라. 디테일링은 타이밍도 중요하다. 디테일링이 예민한 주제를 다룬다면 지금이 적기인지 고려한다.

선배의 조언 | 새로운 고객을 만날 때나 지난번 방문이 고역이었던 고객을 재방문할 때 절대 두려워하거나 위축되지 말라. 다른 동료들의 상황도 그다지 다르지 않다. 이러한 힘든 상황에 맞서 흔쾌히 도전하기를 바란다.

차별화, 어렵지 않다

나의 지역을 사수하라

영업에서 쓰는 많은 용어는 군대에서 유래하였다. 담당 지역을 필드(field)라고 하는데 이는 군대로 치면 전투 배치를 받은 전장이다. 그래서 영업 조직, 영업 담당자를 필드 포스(field force)라고도 한다. 영업 시 구사하는 프로그램, 기획 등은 전략(戰略), 전술(戰術)이라고 불린다. 이러한 군대 용어는 참 치열하고 처절하게 느껴지기도 한다. 그런데도 우리는 이러한 용어에 열광한다. 아마 인간 본성에 승부욕이 있어서가 아닐까.

영업사원은 자신의 담당 지역에서만큼은 최고를 지향한다. 즉, 자신의 고객에게만큼은 첫손에 꼽히기를 바라며, 무엇보다 이 제약영업이라는 전쟁터에서 영웅이 되고자 한다. 그렇다면 어떻게 하면 전쟁터에서 나의 지역을 사수할 수 있을까?

영업에서 고객 서비스가 우선시 되다 보니 정기적인 고객 방문뿐만 아니라 고객의 문의나 불만 처리, 그 외에도 계획에 없었던 방문을 통해 급히 해결해야 할 이슈들이 많다. 제약영업사원에게 특정 지역을 맡기는 것은 효율적인 동선을 확보하기 위해서이기도 하다. 그래서 갑작스런 방문 요청을 받았을 때 신경이 쓰일 수는 있지만 이에 대처하지 못할 만큼은 아니다.

하지만 자신의 지역을 보다 철저히 사수하려면 이 같은 돌발 상황에서 기민하게, 그리고 전략적으로 고객 대응을 해야 한다.

배 원장 : (따르릉)

구 준의 : 네, 구준의입니다.

배 원장 : 지난번 소개해준 신제품 OOO 말이에요. 내 환자가 전화 문의를 했는데 그 OOO으로 처방을 원하는군요. 내가 아직 샘플을 못 봐서 보고 싶은데 오늘 가능할까요?

구 준의 : 아, 네 선생님. 지금 제가 교육 중인데 오후 4시 정도에 끝날 것 같습니다. 5시 정도에 직접 샘플 들고 방문하면 어떨까요? 그 시간이 너무 늦다면 퀵 서비스로 바로 보내드리고요.

배 원장 : 그 정도면 괜찮아요. 그럼 5시에 방문해주세요. 고마워요.

배지혜 원장은 영업사원 구준의 대리를 이렇게 기억한다.

"고객이 80명이나 된다는데 급히 문의를 해도 난색을 보인 적이 없어요. 언제나 당일에 해결해주거나, 그게 여의치 않더라도 양해를 구하고 바로 다음 날 처리해주죠. 참 믿음이 갑니다."

구준의 대리의 팀장인 영업 베테랑 안친해 팀장도 자신이 한창 활약했던 시절의 단면을 이렇게 떠올린다.

"새로운 지역을 담당하게 되면 고객들과 빠른 시간 내에 친해지기 위해 거의 매일 세미나를 시도했던 기억이 나요. 세미나가 밤늦게 끝나는 날이 많아서 아침에 일어나는 것 자체가 큰 도전이더라고요.

K병원의 의국 전체 앞에서 신제품 설명회를 하고 식사를 했는데 너무 늦어졌어요. 다음 날 아침 S병원의 최 교수님을 뵙기로 했는데 수술 전에 만나야 되니까 아침 8시, 아니 7시 30분 전에는 병원에 도착해야 약속을 지킬 수 있겠더라고요.

집에 들어갔다 나오면 늦잠 자고 제시간에 못 갈 거 같아서 그날은 S병원 근처 여관에서 자고 아침 일찍 병원으로 직행했죠. 나중에 어디서 소문을 들으셨는지 제가 전날 행사가 늦게 끝났는데도 아침 일찍 왔다고 최 교수님이 당시 팀장님께 칭찬을 하시더라고요.

지금도 후배들에게 이렇게 말해요. '무슨 일이 있어도 자신의 담당 지역을 떠나지 말라'고요."

오늘날 고객이 예상하는 서비스는 어떠한가. 어느 자동차보험 광고처럼 고객이 부르면 어느 때건, 어느 곳이건 달려와서 문제를 해결해주기를 바란다. 제약영업도 예외가 아니다.

영업을 하다 보면 급히 샘플을 들고 와달라는 고객도 있고 아침 일찍 와달라는 고객도 있다. 이때 담당자가 어디에 있느냐가 이 같은 고객을 만족시킬지 말지를 결정한다.

한데 일부 영업자들이 공공연히 저지르는 실수가 있다. 바로 '선생님은 내 입장을 이해하실 거야'라고 어림짐작하는 것이다. 천만의 말씀이다. 고객이 영업자의 상황이나 마음까지 이해해주기를 바라선 안 된다. "내일이나 다음 주에 찾아뵈면 안 되겠습니까?"라고 되묻는 담당자와 "지금 바로 찾아뵙겠습니다"라고 하는 사람 중 다음번 방문 때 누가 환영 받겠는가?

자, 당신은 무슨 일이 있어도 영업 전장을 사수할 수 있는가?

- 자신이 관리하는 지역에서 고객의 문의나 요청에 신속하게 대응할 수 있는 지역 관리 계획을 갖고 있는가? 그리고 이를 언제든 실천할 만큼 정신 무장이 되어 있는가?
- 명심하라. 고객은 빠르게 대응하는 영업사원의 손을 들어줄 수밖에 없다.

"원장님, 다음에 하죠. 오늘은 제가 바빠서…"

준비하는 자에게 기회가 온다. 물론 기회를 놓치지 않으려면 그것이 기회인지조차 모르는 어처구니없는 상황이 발생해서는 안 된다. 그러려면 항상 우리는 기회라는 것에 대하여 촉각을 곤두세워야 한다.

남에게 아쉬운 소리도 안 하고 사람 좋기로 소문난 배지혜 원장님. 봉직의와 간호사가 새롭게 합류하면서 간단한 세미나를 기획하고, 마침 지난번 방문 때 제품 세미나를 제안했던 Y사 도도혜 사원에게 연락한다.

배 원장 : 도도혜 씨, 다음 주 월요일에 우리 병원에서 세미나를 하려고
하는데 지난번에 제안하신 거 그날 하면 어떨까요?

도 사원 : 어머, 어떡하죠 원장님. 그 다음 날이 공휴일이라 월요일이

샌드위치 데이잖아요. 그래서 휴가를 냈어요. 수요일로 미루
시면 어떠세요? 제가 직접 설명도 하고 준비도 다 해갈게요.

배 원장 : 아, 그래요…. 병원 식구 모두 괜찮은 날이 월요일이라 그렇
게 잡았는데 개인 사정이 그렇다면 어쩔 수 없죠. 그럼 다음
기회에 합시다.

도 사원 : 아이, 아쉬워라. 수요일 날 하면 좋은데…. 원장님 그럼 병원
에서 뵐게요. 주말 잘 보내세요.

배 원장 : (뚜뚜뚜)

(사무실)

고 과장 : 도도혜 씨, 무슨 전화야?

도 사원 : 음, 배 원장님요. 제품 세미나 하자고 할 때는 흐지부지하시
더니 하필 쉬는 날 세미나 하재요.

고 과장 : 아니 그걸 말이라고 해. 다른 팀원을 보내서라도 세미나를
잡아야지.

도 사원 : 선배, 걱정 마세요. 배 원장님은 제 팬이라 그런 걸로 삐치
지 않으세요.

동 소장 : 뭐라고? 고객이 먼저 제안했는데 거절을 해? 아이고 속 터져!

요즘 신세대 영업사원은 예전 선배들과는 좀 다르다. 종종 회사 업무보
다 사생활을 더 중요시한다. 그래서인지 제약사 채용 인터뷰에서는 공사
(公私)로 인한 갈등 상황을 제시하면서 의견을 묻는다.

애인과 만나기로 했는데 고객이 급히 방문을 요청했다든지, 여행 일정

을 잡아놓았는데 제품 세미나와 겹치게 됐다든지, 영어 학원에 가야 하는
데 부서 회식이 잡혔다든지 등 공사(公私) 간에 하나를 선택해야 하는 상
황을 던져보는 것이다.

물론 자신의 스케줄을 무조건 고객의 일정에 맞춰야 하는 것은 아니다.
하지만 영업사원으로서 성공하기를 바란다면 기회에 대하여 민첩하게 판
단하여 지혜로운 선택을 하여야 한다. 이를 위해서는 반드시 평소에 기회
를 알아채고, 기회를 활용할 수 있도록 준비를 해두어야 한다.

안 팀장 : 유순애 대리, 많이 힘들지? 내근할 때랑 비교해서 영업이
　　　　　어떤 것 같아?

유 대리 : 생각만큼 쉽지는 않아요. 사실 이제야 팀장님께 말씀 드리
　　　　　지만 이제 겨우 말을 튼 고객도 있어요. 제가 성격이 밝은
　　　　　편은 아니어서 그런지 고객 분들도 조금 어려워하는 것 같
　　　　　기도 하고요. 구 대리가 잘 닦아놓은 황금 밭을 제가 망치
　　　　　는 게 아닌지 걱정돼요.

안 팀장 : 구 대리라고 처음부터 잘하지는 않았을 거야. 내가 도와줄
　　　　　일이나 함께 방문했으면 싶은 고객이 있으면 알려줘.

유 대리 : 사실 저의 제일 큰 고객인 모설희 원장님의 처방량이 점
　　　　　점 감소하는 것 같아 고민이에요. 새로운 임상 결과가 나
　　　　　와서 동료 원장님들하고 의약 세미나 하실 것을 제안했는
　　　　　데 거절하시더라고요. 이런저런 프로그램을 제안해도 모
　　　　　두 거절하시고….

익히 까칠하기로 소문난 모설희 원장. 안 팀장도 구 대리로부터 모 원장의 스타일에 대하여 이미 들었던 터라 딱히 대안을 내놓기 어렵다.

모 원장 : (따르릉)

유 대리 : 여보세요, 유순애입니다.

모 원장 : 유순애 씨, 나 모설희입니다. 오늘 휴가였어요?

유 대리 : 아, 네. 혹시 제가 도울 일이 있나요?

모 원장 : 급한 건 아니고요. 오늘 저녁 모임에서 내가 잠깐 발표할
　　　　　 시간이 생겨서 지난번에 준 임상 결과 CD를 참고하려고 해
　　　　　 요. 근데 CD를 못 찾아서 하나 더 부탁하려고 …. 에이, 관
　　　　　 둡시다. 다음에 하죠 뭐.

유 대리 : 아닙니다. 제가 지금 좀 멀리 있어서 직접 갖다 드리지는
　　　　　 못하고요. 제 언니 통해서 병원으로 보내도록 할게요. 잘
　　　　　 발표해 주시면 저야 너무 고맙죠.

모 원장 : 그럴 것까지는 없는데.

유 대리 : 오후 4시 전에는 도착하도록 할게요.

모처럼 순조롭게 대화하는 기회가 생긴 데다 며칠 후 새로운 임상 프로그램에 모 원장이 참여하기로 하자 유 대리의 기쁨은 더할 나위 없다. 그리고 안 팀장으로부터 더 놀라운 사실도 듣게 되었다.

안 팀장 : 그날 모 원장은 그 임상 결과를 굳이 발표할 필요는 없었는

데도 유 대리를 테스트해보기 위해서 그런 거 알아? 모 원
장은 평소 여자 영업사원이 불편하고 미덥지 않았는데 담
당자가 구 대리에서 바뀌고 나서 좀 언짢았다는구먼. 그날
유 대리 다리 다쳐서 병원에서 치료 받고 있었다며? 언니
한테 그 얘길 듣고 모 원장이 유 대리를 다시 보게 됐대.

백 과장 : 유 대리, 그냥 아프다고 이야기하고 거절해도 됐을 텐데 아
무튼 기회를 확 잡은 거구먼. 와우!

구 대리 : 저도 모 원장님이 그렇게 생각하시는 줄은 몰랐는데…. 유
대리님이 이제 모 원장님 마음에 쏙 들었으니 정말 축하
할 일인데요.

안 팀장 : 유 대리 고객은 유 대리가 알아서 잘할 테니 구 대리는 자
기 지역에나 신경 쓰라고. 허허.

영업 경력만 본다면 도도혜 사원이나 유순애 대리나 초보이기는 매한가
지다. 그러나 갑작스럽게 찾아온 좋은 영업 기회에 대한 대처는 확연히 달
랐다. 좋은 기회가 다가와도 그것이 기회인지조차 분별하지 못하는 사람
이 있는가 하면, 내일 일이 어떻게 될지는 모르지만 주변 사람을 동원해서
라도 최선을 다해 그 기회를 낚아채는 사람이 있다.

기회에 얽힌 우화는 참 많다. 문희는 언니 보희가 서라벌 전체를 자신의
오줌으로 채우는 이상한 꿈을 꾸자 그 꿈의 가치를 간파해 비단을 주고 꿈
을 샀다. 그 후 문희는 김춘추의 부인이 돼 신라 왕비까지 올랐다. 야곱은
배고픔을 이기지 못하는 형에게 팥죽을 팔아 이스라엘의 시조가 됐다.

이처럼 순간의 선택에 따라 운명이 달라지고 역사가 바뀐다. 오늘 우리들의 사무실에서도 이 같은 기회에 관한 우화는 계속되고 있다.

순간적으로 기회에 대한 판단을 내리고 그 기회를 잡기 위해 전략적으로 움직이려면 평소 늘 기회를 준비하는 자세로 업무에 임해야 한다. '언젠가는 내게도 기회가 오겠지'라는 막연한 추측은 금물이다. 항상 '지금' 기회를 받아들일 준비를 해야 한다.
어제의 안티 고객을 오늘의 충성 고객으로 바꾸는 타이밍, 바로 지금이다.

하나만 다르게 하자

영업 활동이라는 것이 회사마다 크게 다르지 않다. 괜찮은 브로슈어가 제작되면 다른 회사에서 비슷한 것을 만들고, 새로운 판촉물이 등장하면 학회의 모든 제약사 부스에 깔리는 것이 다반사다. 영업사원도 마찬가지다. 나에게 중요한 고객은 경쟁사의 영업사원에게도 중요하다. 당신은 경쟁이 치열한 VIP 고객에게 손에 꼽을 만한 담당자인가?

A사 직원이 ㄱ제품을 실컷 이야기하고 브로슈어를 남기고 가면, 그 다음 B사 직원의 ㄴ논문이 그 브로슈어 위에, C사 직원의 바인더가 그 위에 쌓인다. 메시지도 엇비슷하다.

A사 제품이 B사 제품보다는 낫다고 말해 놓고 나왔는데 곧 B사 직원이 "저희는 A사의 편협한 임상 시험과는 다릅니다. 그래서 A는 물론 C사 제품보다도 우수합니다"라고 말한다.

수많은 디테일링 메시지와 자료 더미 속에서 과연 고객은 나를 어떻게 인식할까? 고객 마음속에 나는 어떻게 포지셔닝 되어 있을까?

우수 인턴으로 뽑혀 영업부에 배정된 지 어언 1년이 되어가건만 여전히 자신이 부족하게 느껴지는 나달리. 대학도 우수한 성적으로 졸업하고, 사내 제품 교육 시험도 만점을 받았지만 담당 지역의 경쟁사 직원들이 모두 고참이어서 그런지 욕심만큼 고객을 사로잡지 못하는 것 같다.

영업을 하면 할수록 열정이나 쾌활함만으로는 고객의 마음을 낚아챌 수 없다는 생각이 든다. 경쟁사 직원과 뭔가 다르게 하고 싶은데 딱히 생각이 나지 않는다.

나 달리 : 특별히 문제 되는 고객도 없지만, 저를 적극 도와주는 고객도 없는 것 같아요. 어떨 때는 제약사 직원들 줄 세워 놓고 돌아가면서 조금씩 도와주는 게 아닐까 생각한다니까요.

백 과장 : 나달리 씨만의 강점을 살려서 뭔가 차별화된 프로그램을 만들거나 좀 다르게 고객에게 접근하는 건 어때?

안 팀장 : 나달리 씨는 프레젠테이션을 잘하니까 직접 그런 기회를 만들어 보는 것도 괜찮은데.

백 과장 : 아, 맞아요. 사실 제가 PT를 못해서 제 담당인 G병원 신약 설명회 할 때 나달리 씨에게 부탁했는데 선생님들 반응이 좋았어요. 무슨 약품 설명을 저렇게 재미있게 하냐면서요. 그래프 설명도 맛깔나게 하는데 저도 깜짝 놀랐어요.

나 달리 : 정말요? 음, 그럼 M병원 의국장님한테 일단 그룹 프레젠테이션이 가능한지 여쭤보고 준비해야겠어요.

안 팀장 : 그래, 일단 M병원부터 해보자고.

나 달리 : 의국 교실에서 하면 스무 명은 넘을 것 같아요. 백 과장님이

　　　　　좀 도와주면 좋을 텐데….

백 과장 : 스케줄 조정해서 도와줄게. 지난번에 나 도와줬는데 품앗이

　　　　　해야지.

나달리 사원의 의국 GP(group presentation) 이후 과장님이나 의국의 예우가 달라졌다. 아울러 전반적인 제품 신뢰도도 높아졌다. 제품 매출이 3개월 동안 무려 2배나 성장한 것이다. 이 같은 결과에 GP에 참석했던 안 팀장, 백 과장은 물론 의국장으로부터 나달리의 GP 이야기를 전해 들은 경쟁사의 지질희 과장도 놀랐다. 맹랑하다고만 생각했는데 이제는 위기감 마저 느끼게 됐기 때문이다.

그렇다면 나달리의 GP는 뭐가 달랐을까? 프레젠테이션이야 누구나 교육을 받고 있는 건데 어떻게 차별화를 이끌어냈을까?

신 의국장 : 오늘 Z사에서 OOO제품의 새로운 임상 결과 PPP를 중심으

　　　　　　로 짧게 발표해주신다고 하니, 잘 들으시고 평소 궁금하셨던

　　　　　　점 있으시면 질문해주세요. 간호사 선생님들도 물어볼 게 있

　　　　　　으시면 질문하시고요.

반 과장 : 거, OOO야 다들 아는 거 아냐? 문 선생 그렇지?

문 의국장 : 네, 그렇습니다.

반 과장 : 빨리 끝내자고. 아 배고파.

나 달리 : (웃음)네, 시간 내주셔서 감사합니다. 중간 중간 깜짝 퀴즈나

설문이 나갈 겁니다. 당황하지 마시고 앞에 나눠 드린 리모
컨의 번호를 누르시면 됩니다.(GP 진행)

나 달리 : 네, 퀴즈 나갑니다. 부끄러워들 마시고 정답을 눌러 주세요.
자, 그럼 결과를 볼까요?

반 과장 : 허허, 3번 누른 놈 누구냐? 공부 좀 더 해야겠다.

나 달리 : 과장님, 정답자 추적이 가능한데 못 맞히신 분들은 오늘 저녁
식사에서 제외해도 될까요?

반 과장 : 그래야겠어. 공부들 안 하나봐. 두 번 이상 정답 못 맞히면
그렇게 하자고.

나 달리 : 선생님들 천만다행이네요. 세 번 이상 정답을 못 맞히면 리모
컨에 전기가 통하게 되어 있거든요.

의 국 실 : 하하하하

(다시 GP 진행)

나 달리 : 마지막 설문입니다. 임상 결과를 실제 적용하는 것에 대한 설
문인데 지난 ABC학회 패널 토의에서 사용된 설문이기도 합
니다. 과장님의 코멘트가 있으시면 다른 선생님들을 위해서
도 더 도움이 되겠습니다.

반 과장 : 야, 나달리 정말 꼼짝 못하게 하는구먼. 70% 이상이 실제로
적용해 보겠다고 나왔으니, 우리 병원 처방량이 무지 늘겠는
걸. 그런데 감소 누른 10% 2명은 누구야? 문 선생?

문 의국장 : 전 아닙니다. 저는 '잘 모르겠다' 눌렀습니다.

반 과장 : '잘 모르겠다' 하면 밥 굶어야지. PPP 결과 중 주요 아웃컴

(outcome)이 PFS 결과와 약간 차이가 나는데 신 선생 견해
는 어떤가?

신 의국장 : 네, PPP의 경우 환자 베이스라인에서…(중략).

반 과장 : 음, 그렇지. 나 선생 수고 많았어.

나 달리 : 네, 이렇게 시간 내 주신 선생님들께 감사 드리고, 설문에 응
하신 70% 선생님들 행동으로 보여주시리라 믿겠습니다.

반 과장 : 하하하

나 달리는 20여 명이나 되는 의국 교실 직원들을 한꺼번에 모이게 하는
게 쉽지 않기 때문에 키 메시지(key message)는 물론 참석한 선생님들이
스스로 행동으로 옮길 수 있는 자극이 필요하다고 생각했다. 그래서 마케
팅부에서 받은 GP 슬라이드 중간 중간에 고민을 요하는 퀴즈나 설문을 넣
었다. 또 스스로 결론에 이르도록 GP 프로그램을 새롭게 기획하였다.

결과는 대성공이었다. 우선 GP에 대한 집중도가 올라갔다. 몇 명은 이
러한 GP 방식에 부정적인 의견을 주기도 했지만 소위 KOL(Key Opinion
Leader)인 주요 고객들은 새로운 시도에 더 많은 점수를 주었다.

근래 들어 영업사원 중에 아예 프레젠테이션을 하지 않고 자사 제품에
대하여 의사들이 대신 프레젠테이션을 하게 하거나 의학부, 마케팅부에
일임하는 경향이 짙다. 늘 보는 고객 앞에서 새삼스럽게 같은 이야기를 하
는 것이 어색하다는 게 그 이유다. 프레젠테이션을 해도 항상 틀을 벗어나
지 않는다. 하지만 나달리는 선배들의 충고대로 기본에 충실하되 차별화
포인트를 찾아서 실제로 이를 적용해보았다.

영업사원이 모든 방면에서 최고가 될 수는 없다. 또 그럴 필요도 없다. 이제는 만능 탤런트가 되어야겠다는 부담부터 버리자. 다만 자신만의 강점을 살려서 하나라도 차별화를 하라. 그리하면 일단 영업사원을 보는 고객의 시각부터 달라진다.

응원단장 출신에 레크리에이션 강사 자격증도 있는 백두산 과장 역시 자신의 특기를 살려 P병원 체육대회 사회를 맡았다. 그러면서 병원 관계자들과 친해졌고 이를 비즈니스로 연계하기도 했다.

P병원은 준 종합병원인데도 현재 처방량이 웬만한 대학병원만큼 나오고 있다. 재차 강조하지만 이러한 결과는 자신의 강점을 살린 차별화된 고객 관리에서 나온 것이다.

유순애 대리는 브로슈어를 전달할 때 절대로 그냥 건네지 않는다고 한다. 브로슈어에는 펀치를 찍어 이미 고객에게 나눠 주었던 바인더에 직접 꽂아 드린다. 디테일링용 브로슈어에는 주요 사항을 형광펜으로 표시한다.

논문을 전할 때도 한 부 더 복사해서 펀치 구멍을 내 바인더에 꽂아 드린다. 의학정보팀 출신으로 논문 독해가 빠르고 정리를 잘하는 자신의 강점을 살린 것이다. 처음에는 브로슈어에 자신이 직접 형광펜 표시를 하는 게 외람돼 보이지 않을까 걱정도 했다. 하지만 고객들은 유 대리를 열심히 공부하는 MR(Medical Representative)로 본다.

와인 소믈리에였던 고길희 과장. 고 과장은 스몰 그룹 미팅(small group meeting)이나 지역 의사회 모임에서 제품 세미나를 할 때 고객들이 지루해하지 않도록 와인 소개를 한다. 와인 시연회도 같이하고 세미나가 끝난 후에는 이벤트 상품으로 와인을 드리기도 한다.

주변을 돌아보자. 이미 자신의 취미나 특기를 살려서 영업 방식을 차별화해 자신을 훌륭히 PR하는 영업사원들이 많다.

잠시 짬을 내서 자신을 차분히 돌아보라. 자신에게도 무언가 다른 것이 있다는 것을 발견하게 될 것이다. 이를 곧바로 활용해보자. 열 가지를 다르게 하려면 수고가 많이 들 뿐 아니라 시도하는 것 자체가 두려워진다.

이제 하나만 다르게 해보자. 한 가지를 성공시키고 나서 또 한 가지를 다르게 하는 식으로 꾸준히 차별화를 시도해보는 것이다.

물론 한두 번 시도했는데 잘 안 된다고 쉽게 포기해선 안 된다.

- 영업을 잘하려면 고객만 분석해서는 안 된다. 스스로를 돌아보고 발전시킬 만한 자신의 강점을 찾아야 한다. 취미든 특기든 일하는 습관이든 상관없다. 일단 한 가지만 잘 살려서 영업에 응용해보자.
- 경쟁사 직원과 하나만 다르게 보여도 고객의 머릿속에는 당신이 강렬하게 인지된다.
  ※ 주의사항: 차별화, 즉 새로운 영업 방식이 모든 고객에게 유효한 것은 아니다. 당신과 고객과의 관계, 친밀도, 고객의 성향을 잘 고려하여야 한다.

꼴등에게도 드라마는 있다

영업사원이라면 우수 영업사원이 돼서 전 직원 앞에서 영광스럽게 수상도 하고, 인센티브로 여행도 가고, 가족 동반 행사에 당당히 참가하기를 꿈꾼다. 짭짤한 보너스는 두말 할 나위 없다.

그러나 모두가 1등이 될 순 없다. 또 늘 목표 달성을 할 수 있는 것도 아니다. 물론 유독 영업을 야무지게 잘하는 이들이 있기는 하다. 그들은 상도 곧잘 타고, 그러다 보니 사내 인지도도 높다. 또한 갈수록 승진이나 수상의 기회가 더 많아진다.

지질희 과장. 경력으로는 베테랑 급인 그는 사내에서 '낙엽줄'이라고 불린다. 비에 젖어 바닥에 착 달라붙어서 빗자루로 쓸어도 결코 쓸리지 않는 낙엽줄. 왕년에는 팀 내 1위뿐 아니라 베스트 MR도 했다고 한다.

하지만 대형병원을 한 번 말아먹은 후 위에서 찍히고, 계속 어려운 지역만 맡게 되다보니 개인 목표는 90% 이상 달성하지만 전체 성적은 늘 평균 이하였다. 그래서 후배들에게는 그다지 좋은 롤 모델도 아니다.

상당한 위로금과 함께 조기 퇴직의 기회가 있었지만 전업주부인 아내와 중학생 아들 둘을 생각해서 연봉을 깎더라도 그냥 다니겠다고 했다는 소문이 돈다.

우성실 대리. 이름처럼 성실하지만 직원인지 아닌지 알 수 없을 만큼 너무 조용하게 회사를 다닌다. 병원, 회사, 집 아니면 저녁에 학원에 가는 정도. 재작년에는 우수 영업사원으로 톱텐에 들었는데, 이후로는 영 힘들다. 경쟁 제품도 많아지고 경쟁사에 비해 자사의 지원이 대폭 준 것 같다.

거의 매일 열두 콜 이상 소화하고 있지만 들인 노력만큼 반응은 없다. 동료들이 시상대에 올라갈 때마다 언젠가 과거의 영광을 되찾겠다는 굳은 결심을 한다.

가여희 주임. 사학 명문의 어문학과 출신. 영업 경력이 4년차가 되어 가는데 우수 영업사원 한 번 못 해봤다. 담당 구역에는 딱히 큰 대형병원도 없다. 그나마 맡고 있는 대학병원도 중요도로 치면 뒤처진다. 그래서인지 사내 프로그램의 지원을 별로 받지 못한다. 작은 병원 위주로 목표 달성을 하려다 보니 여러 센터를 담당하느라 동선도 넓다.

자신보다 경력이 짧은 양달희는 황금 밭을 맡았는데도 겨우겨우 목표 달성을 해나가는 걸 보면 얄밉기만 하다. 양달희는 매번 모든 프로그램 지원에서 우선순위고, 윗분들의 관심과 지원도 많이 받고 있는데 고작 저 정도라니. 자신의 구역을 같이 방문해준 사람 중에 제일 높은 직급은 팀장.

잠재성(potential)이 있는 전문병원을 키워 보겠다고 기획안도 냈지만, 마케팅부, 사업부서장 누구 하나 지지해주지 않았다.

그래도 이에 굴하지 않을 자신은 있었다. 그런데 웬 청천벽력과도 같은 소식인가. 회사에서 지질희 과장을 승진시킬 수는 없고 프로젝트 팀을 구성해서 리더를 맡긴단다. 그 후 거명된 프로젝트 팀원은 우 대리, 가 주임, 차 대리. 하필 이런 지질한 팀에 배정되다니.

'대놓고 회사 나가라는 건가? 지 과장만 나가면 될 것을, 결국 우리 같은 사람을 희생양으로 내세우는 거군.'

지 과장은 당황스러웠다. 팀장은 아니지만, 어쨌든 나름 승진이라면 승진이고 팀원도 배정해준 것이다. 마케팅부와도 더 긴밀하게 일하면서 소수의 스페셜리스트(specialist) 고객들만 개척하고 관리하면 된다.

희귀 의약품이지만 해외나 국내 학회에서 반응도 괜찮아 왠지 자신감이 생겼다. 오히려 '이런 기회가 나한테 주어지다니' 하고 벅찬 마음이 앞섰다. 한데 우 대리나 가 주임은 자신을 환영하지 않는 것 같다. 우 대리는 역전의 기회를 놓쳤다고 생각하고, 가 주임은 젊은 나이에 낙엽줄이 된 건 아닌지 고민에 빠진 듯싶다. 회사 나가라는 데 버티는 자신의 밑에서 일하게 된 것도 답답해하고, 사내에서 가여운 시선으로 자신들을 바라본다고 느끼는지 많이 우울해 보인다.

그래도 지 과장은 힘을 내보기로 했다. 그동안 배운 게 그리 많다고 생각지는 않지만 나름대로 리더십을 발휘해가면서 팀원들을 마치 선배가 후배 대하듯이 따뜻하게 격려도 하고 설득도 하였다. 또 마케팅부 윤 차장 덕분에 거의 매주 교육도 하고 필드 상황도 논의할 수 있어서 큰 도움이 되었다.

지 과장은 팀원들과 매끄러운 관계를 만드는 데도 애를 많이 썼다. 팀원들과 저녁 식사도 자주 하고 영화도 함께 봤다. 가끔은 한강변에서 소박한 회식 자리도 마련하였다.

처음에는 귀찮아하던 팀원들의 마음이 서서히 움직이기 시작했다. 제일 먼저 마음을 연 것은 가 주임. 그는 '나는 아직 젊고 패기도 있는데 이런 특별한 밭이야말로 정말 황금 밭이지 않은가. 그야말로 절호의 찬스다. 제품이 특이해 사내에서도 얼마나 주목 받고 있나' 하고 마음을 고쳐먹었다. 게다가 항상 힘을 실어주는 지 과장이 정말 선배처럼 느껴져서 용기를 얻을 수 있었다.

가 주임은 우선 예전 팀에서 고배를 마신 기획안을 수정해서 새로운 프로젝트 팀에서 신규 고객 개발 프로그램에 적용하였고, 성공적인 결과를 낳았다. 덕분에 국내 KOL 모시고 해외도 다녀오니 비록 인센티브 트립은 아니지만 나름 좋은 경험이 되었다. 또 마케팅부 윤 차장이 도와준 덕에 해외 학회 부스에서 크루(crew: 진행 요원)도 해봤다.

차 대리와 우 대리도 당당하게 현실을 대하기 시작했다. 둘 다 상사라기보다 선배 같은 지 과장의 숨은 리더십에 감탄했고, 왜 회사에서 그동안 그렇게 지 과장을 내보내려고 했는지 이해가 되지 않았다. 자신의 실적도 중요했지만, 인간적인 지 과장을 위해서라도 열심히 해야겠다는 의지가 생겼다.

윤 차장 : 우리 프로젝트 W팀이 너무 잘해주고 계셔서 제가 힘을 얻습니다.

지 과장 : 아 무슨 말씀. 한 미모, 한 말씀 하는 윤 차장 덕분에 저희가 더 고맙죠.

차 대리 : 아이고, 우리 지 팀장님. 또 오버하신다.

지 과장 : 아니 그럼 윤 차장이 안 예쁘다는 거냐?

가 주임 : 차 대리님, 팀장님한테 낚였네요.

윤 차장 : 원래 오픈 하면 안 되는 건데 여러분한테는 미리 알려줄게요.

팀 원 들 : 뭔데요?

윤 차장 : 전 직원 연말 회의에서 스페셜 어워드(Special Award)가 있어요. 아마 W팀이 탈 것 같습니다.

팀 원 들 : 우와~

유 대리 : 팀장님도 아셨어요?

지 과장 : 음, 그저께 전무님이 부르셔서 알려주시더라고.

윤 차장 : 기대하세요 여러분.

신제품이라 타깃도 그리 많이 책정되지 않은 데다 프로젝트 W팀의 단

합된 팀워크 덕분에 무려 240%라는 목표 달성으로, W팀은 베스트 팀 (Best Team)으로 선정됐다.

뿐만 아니라 환자 중심의 기업 이미지를 구축하는 데 기여한 공로로 스페셜 어워드까지 수상하게 되었다.

강 전무 : 여러분, 이제 베스트 DM(District Manager: 팀장 또는 영업소장)을 발표하겠습니다.

청 중 : 두구두구두구~

강 전무 : W팀의 지질희 팀장! 앞으로 나오세요.

청 중 : (기립박수)와~

강 전무 : 지질희 과장은 팀의 리더로서 진정한 리더십(true leadership)의 표본을 보여서 팀 실적은 물론 팀원들의 역량을 키우는 데 놀라운 성과를 보여줬습니다. 경영진과 동료 팀장들의 피드백에서 무려 75%의 몰표로 선정되었습니다.

팀 원 들 : 지!질!희!지!질!희!

청 중 : 지!질!희!지!질!희!

지 과장 : 아, 정말 부끄럽습니다. 너무 오랜만에 이런 자리에 올라와서 그런지 어지럽네요. 사실 저는 잘한 게 없습니다. 우리 팀원들 우성실 대리, 차매리 대리, 가여희 주임이 새로운 시장, 새로운 팀에서 너무 열심히 해주었고, 마케팅 윤 차장님도 같은 팀원처럼 밤낮으로 도와주시고, 옆의 강인한 전무님도 많이 도와주셔서 제가 이렇게 상도 받는 것 같습니다. 제가 가끔

팀원들하고 한강에서 조촐한 회식을 합니다. 오늘은 이 상금으로 비싼 데 가서 팀원들 영양 보충할 수 있을 것 같습니다. 여러분 모두 감사 드립니다.

맨 처음 프로젝트 팀이 만들어졌을 때 회사 동료들은 뒷말이 많았다. 팀원들의 도전적이고 열정적인 모습을 보면서 "애쓴다"는 반응도 없지 않았지만 이들을 잘 모르는 내근직조차 그야말로 꼴찌들을 바라보는 시선이었다. 마치 영화 「쿨 러닝」에서 눈조차 내리지 않는 열대 나라에서 온 자메이카 선수들의 어이없는 봅슬레이 실력을 관중들이 안타깝게 바라보는 것처럼 말이다.

하지만 이제 이들을 바라보는 시선은 완전히 바뀌었다. 그야말로 영웅 대접을 받게 된 것이다. 가여희 주임은 감개무량 그 자체다. 동료들은 '꼴찌들의 반란'이라고 놀리면서도 자기 일인 양 축하해주고, 웃음이 짜기로 유명한 강인한 전무도 회식 자리에서 술에 취해 힘껏 안아주는데 기분이 매우 좋아 보인다.

팀원 모두와 함께 드라마틱한 영화 속 주인공이 된 느낌이다.

신입일 때는 모두 부푼 꿈을 안고 입사해 영업의 달인이 되겠다고 결심한다. 이후 숱한 좌절과 위기를 겪으면서 처음에는 오기로 극복해보려고 하다가도 결국 포기하거나 현실에 안주해 버린다. 잘 안 풀린다고 푸념도 늘어놓고, 잘 나가는 동료를 질투도 해본다. 평범하기만 한 선배를 보면서 걱정 반 조소 반으로 '나는 저렇게 되면 안 되는데' 생각하며 움츠러든다.

하지만 설령 회사에서 꼴찌가 됐다 해도 좌절할 필요는 없다. 고난을 극복하려는 의지만 있다면 누구나 다시 1등이 될 수 있다. 무엇보다 중요한 것은 남들의 시선을 의식하지 않는 것이다. 다른 동료와 나를 비교할 필요도 없다.

영업을 자기 자신과의 싸움으로만 받아들여라. 영업 일선에서는 오늘도 치열한 경쟁이 펼쳐지고 있다. 기죽을 것 없다. 다만 어제보다 나은 오늘의 나를 위해, 오늘보다 나을 내일을 위해 평소 준비를 하기 바란다.

드라마처럼 우리네 삶에도 반전은 있다. 특히 영업은 다른 일보다 더 드라마틱하고 감동적인 반전이 있다. 그래서 난 오랫동안 영업 일선에서 일해온 이들을 존경한다. 슬럼프와 저조한 실적에도 좌절하거나 조급해하지 않고 계속해서 오뚝이처럼 일어나는 그들을.

영업노트

- 영업에서 '페이스 조절'은 매우 중요하다.
- 목표 달성에 무조건 열을 올린다고 성과가 나는 것은 아니다. 또 목표를 달성했다고 기고만장해지면 분명 이후에 좋은 성과를 내기 힘들다.
- 오래도록 목표를 이루면서 목표치를 꾸준히 올리려면 절대 일희일비(一喜一悲)해선 안 된다. 자만도 좌절도 금물이다.
- 남이 목표 달성을 하는 것을 보면서 경쟁 심리에 불타지 말라. 그에게는 그만의 페이스 조절법이 있을 것이다.
- 늘 스스로와 경쟁하면서 내일을 대비하라.

(프로젝트 W팀 후기)

몇 달 후 프로젝트 W팀은 해체되었고 팀원들은 다른 사업부로 흡수되었다. 가 주임은 대리로 승진했으며 본인의 의사에 따라 원래의 영업팀으로 돌아갔다.

유 대리와 차 대리는 흡수된 팀이 확장되면서 중요 임무를 맡게 되었고 여전히 열심히 영업 현장을 뛰어다닌다.

지질희 과장은 팀원들과 동료들, 마케팅부 윤 차장이 만류했는데도 올봄에 퇴사를 결정했다. 모두에게 충격이었다. 그동안 조기 퇴직 압력에도 견디시던 분이 이제 겨우 제대로 인정받기 시작했는데.

유 대리 : 팀장님, 왜 퇴사하세요? 새로운 사업부에서도 팀장 자리를
　　　　　준다고 하고, 팀장님만큼 주요 고객을 잘 알고, 관계도 좋으
　　　　　셨던 분이 어디 있어요?

지 과장 : 음, 사실 프로젝트 팀 맡을 때부터 생각했던 거야. 이제는 인
　　　　　생의 제2막을 준비해야 할 때라고 판단했거든. 와이프가 어
　　　　　린이집 시작하면서 어느 정도 집도 안정돼서 틈틈이 창업 과
　　　　　정도 알아보고 가게 자리도 알아봤지. 선생님들은 윤 차장 있
　　　　　으니까 염려하지 않아도 돼.

가 주임 : 팀장님, 죄송해요. 제가 그동안 잘못한 것 많았죠. 너무 서
　　　　　운해요.

강 전무 : 그래, 어린 것들이 지 팀장 속 많이 태웠다고 하더구먼. 이것
　　　　　들아 니들도 나중에 그대로 당해봐야 알지.

유 대리 : 전무님도 참. 그래서 나중에 저희가 지 팀장님을 지존처럼
　　　　　잘 모셨잖아요.

지 과장 : 전무님, 정말 감사합니다. 경영진에서 끈질기게 퇴사 압력

을 넣었는데도 끝까지 저를 보호해주시고 기회를 주셔서 감
사할 따름입니다.

팀 원 들 : ….

강 전 무 : 그래. 어쨌든 자네는 정말로 잘해냈어. 이 사람들 잘 키운 거
보라고. 분명 자네는 사업도 잘될 거야.

지 과 장 : 저는 다른 선배들보다 행복하다고 생각합니다. 그래도 박수
칠 때 떠나잖습니까. 다 전무님 덕분입니다.

젊은 후배 영업사원들에게 한 가지 당부하고 싶은 것이 있다. 선배들은
당신보다 앞서서 고뇌하던 이들이다. 그들은 산 경험을 하면서 영업의 힘
든 점이 무엇이고 어떻게 이를 극복해야 하는지 수도 없이 고민해왔다. 그
들을 존경하고 그들로부터 배우자.

제약영업 네비게이터

제약영업 네비게이터

사무실에 남아 그동안 여러 영업사원들과 대화를 나누면서 기록했던 메모를 읽고 있었습니다. 그때 영업 18년 경력의 팀장님과 20년 넘게 영업 현장에 계셨던 본부장님께서 지나가시다가 물어 보셨습니다.

"뭐해?"

"아 예, 신입이 많은데 딱히 교육용으로 쓸 만한 책이 없어서 그간 모아 두었던 자료를 정리해서 책으로 만들어보려고 검토 중입니다. 이왕 정리한 건데 책으로 한번 엮어보려고요."

"아니, 자네가 영업을 얼마나 했다고?"

마케팅 업무까지 포함해서 제약영업을 한 지 13년이 흘렀습니다. 물론 짧다면 짧기도 하고 더 배워야 할 것도 많습니다. 하지만 축구 잘하는 사람이 다 감독 되는 것은 아니잖습니까? 저는 자신 있게 말했습니다.

"책을 쓰면서 한 발 떨어진 시각으로 제약영업을 바라보면 많은 도움이 될 것 같다고 생각했습니다. 피드백 좀 주십시오."

마침 본인들도 책을 쓰거나 영업사원을 대상으로 컨설팅 같은 것을 해보고 싶었다고 하십니다. 그분들에게도 학습이나 교육에 대한 갈증이 있었던 것만큼은 틀림없는 듯합니다.

용기를 내 책을 낼 수 있었던 것은 어떻게 하면 제약영업자가 성장할 수 있을지 고민하면서 동료들과 나눈 이야기들을 평소 꼼꼼히 기록해 두었기 때문입니다. 대화를 하면서 제약영업이라는 일의 의미를 깊이 있게 생각해볼 수 있었고 소중한 노하우도 많이 배웠습니다.

2부에서 여러분들과 함께 이것들을 나누어 보고 싶습니다. 제 기억 속에는 여러분이 했던 일, 여러분의 성공 사례 모두 들어있네요.

꿈은 빨리, 그리고 높게 만들자

구체화해야 비로소 꿈이 된다

신입사원 면접을 보면서 매번 지원자에게 물어본다. "자네는 꿈이 뭔가?" 그러면 "사장이 될 겁니다", "영업 이사가 될 겁니다" 등 승진 따위의 장기 목표를 얘기하는 사람이 있고, 그저 "마케팅부입니다", "인사부입니다"처럼 당장 하고 싶은 일을 대답하는 사람이 있다. 이외에도 꿈에 대한 짧은 질문을 놓고 여러 가지 대답을 듣게 된다. 나중에 시간이 되면 어떻게 대답한 사람이 더 성공했는지 검증해보고 싶을 정도이다.

성공한 사람들은 똑같이 '꿈은 원대하게 잡아라'라고 말한다. 꿈을 크게 잡는다고 누가 돈을 내라고 하는 것도 아닌데 소극적일 이유가 없다는 것이다. 맞는 말이다. 꿈은 크고도 높아야 멀리, 그리고 높게 내다보면서 앞으로 나아갈 수 있다. 물론 우리는 이 같은 이야기를 수도 없이 들었다. 하지만 아이러니하게도 실지로 원대한 꿈을 품은 사람을 찾기란 쉽지 않다.

입사 면접 때는 혹 면접관들이 꿈이 허무맹랑하다고 우습게 볼까 봐 일부러 소박하게 얘기하기도 한다. 입사하게 되더라도 굳이 남들에게 나의 큰 꿈을 얘기해봐야 무슨 도움을 받겠냐는 생각에 아예 꿈에 관한 대화 자체를 꺼린다. 바로 여기에 상위 10% 영업사원들의 비밀이 숨어 있다. 그들은 대놓고 자신의 큰 꿈을 이야기한다. 듣다 보면 '저 허풍 여전하네'라는 생각도 들지만 그들은 실제로 자신의 꿈을 향해 오늘도 차근차근 전진하고 있다.

필자는 정기적으로 같이 일하는 영업사원과 팀장 들을 일대일로 만나서 각자의 비전에 대하여 이야기한다. 비전(vision)은 '보다'라는 뜻의 라틴어에서 유래한 것으로, 시야를 넓혀 그려본 자신의 미래상을 말한다. 쉽게 말해 '앞으로의 목표'라고 할 수 있다.

필자는 비전이 있느냐 없느냐가 일의 성과뿐 아니라 삶 자체에도 지대한 영향을 미친다고 생각한다. 그래서 전 직원에게 비전 카드를 제출하라고 한다. 그 안에는 인생의 최종 목표와도 같은 자신의 꿈을 적는 공간도 있다.

처음 시행했을 때는 그냥 상사가 요청하는 서류의 일종으로 생각해서 대충 적는 직원들도 있었고 나름대로 원대한 꿈을 적는 직원들도 있었다. 하지만 대부분 형식적으로 썼다. 마음속 깊은 곳에서 우러나온 게 아니었다는 말이다. 그래서 직원들을 한 명 한 명 만나 "꿈은 크게 가져라. 그리고 하나하나 작은 것부터 실천해보자"면서 대화를 풀어 나갔다. 비전 카드가 왜 중요하고 꿈은 왜 구체적으로 적어야 하는지도 설명해주었다.

『기적의 사명선언문』이나『Secret』같은 책에서 필자가 감명 받았던 내용에 대해서도 이야기를 나누면서 비전 카드를 다시 작성해볼 것을 권했다. 놀라운 것은 단 몇 명만이 이전보다 조금 더 구체적이고 크게 꿈을 수정했을 뿐이라는 점이다. 여전히 대다수는 자신이 나름대로 판단하기에 달성 가능하다고 여겨지는 만큼의 꿈만 적어 냈다.

왜 그럴까? 필자가 찾은 원인 중 하나는 우리가 꿈을 구체적으로 생각하고 이것을 기록하는 데 익숙하지 않다는 것이다. 막연한 꿈만 있을 뿐 이를 어떻게 시도해서 어떻게 달성해낼지 구체적인 그림을 그려보지 않는 것이다.

또 한 가지 원인으로 꼽은 것은 우리가 서양인에 비해 자신의 꿈과 비전을 타인과 공유하는 것 자체를 부끄러워하는 성향이 있지 않나 하는 것이다. 꿈을 내보인다는 것은 그만큼 자신감이 있고 주도적으로 일과 삶을 대한다는 뜻일 게다. 남과 함께 자신의 꿈이나 비전에 대하여 이야기하다 보면 개선점이나 해결책이 나올 수도 있다.

매일매일 꿈을 그려보고, 꿈에 대하여 고민해본 사람이라면 분명 "꿈을 세우는 건 참 쉬운데. 돈도 안 들 뿐더러 내 꿈을 갖고 누가 뭐라고 하든 신경 안 써도 돼"라고 말할 것이다.

미래를 꿈꾸는 것, 결코 어렵지 않다. 남의 눈치를 볼 것도 없다. 오히려 원대한 꿈을 같이 이야기하면서 공유하자.

Vision Card(호흡기 사업본부 2009)

성명과 직급	홍길동 본부장	팀명	호흡기 사업부 클리닉
담당 거래처 또는 지역			
입사 연월일	2002년 5월 12일	최종 승진 연월일	2008년 11월 3일
전(前) 직장, 담당 업무	한국제약 : 영업부, 마케팅 Product manager 세계광고회사 : AE(Account Executive)		
사내 경력	A제품 Brand Manager, A제품 마케팅 팀장		
취미	독서, 아들과 운동하기		
2009년 목표(회사 측면)	A제품 세일즈 110% 달성 클리닉 본부 직원 전체의 역량 강화 및 커리어 개발 관련 부서 직원과 클리닉 본부 간의 원활한 커뮤니케이션		
2009년 목표 (자기계발/가정/건강)	박사과정 도전하기 영어 실력 향상, 일본어 중급 진출 가족과 1달에 1번 여행 가기 5 Kg 감량		
5년 이내의 중기 목표(회사)	BU(Business Unit) Head 또는 Asia Pacific Area director		
5년 이상의 장기 목표(회사)	가장 월급 많이 받는 사장		
인생의 최종 목표	후학을 기르는 교수 혹은 선생님 내 이름으로 된 책을 출간하는 것		
잘할 수 있는 일 또는 분야	제약 비즈니스에 대한 이해도가 높다 직원들의 성장 잠재력을 일깨워 주는 일 마케팅에 대한 창조적인 아이디어		
사업부 운영에 대한 제언	조직의 비전과 개인의 비전이 일치되어 모두가 지향하는 목표를 달성할 수 있도록 격려하고 돕는 분위기를 만들었으면 함. 서로 선의의 경쟁을 하면서 발전할 수 있는 분위기가 자연스럽게 되길 바람.		

- 구체적인 꿈을 빨리 가질수록 성공할 확률이 높다.
- 꿈은 커야 한다. 꿈의 크기에 따라 작은 행동이 달라지며 결과적으로는 인생이 달라진다.
- 꿈은 반드시 적어놓자. 양식은 상관없다. 그리고 이를 꼭 품고 다니자. 기록은 기억을 이기는 법이다.
- 단, 구체적으로 적어라. 그래야 이 꿈이 정말로 진심에서 우러나온 것인지 확인할 수 있다. 진정성이 있다면 자연스럽게 실행하는 단계로 넘어갈 수 있을 것이다. 또한 꿈을 구체화하면 보다 깊이 있게 꿈에 대하여 고민을 해보게 된다.
- 마지막으로 자신의 꿈을 남에게 많이 알려라. 그래야 남들이 그 꿈을 이룰 수 있도록 도와줄 수 있다.

도전도 습관이다

꿈을 이루기란 쉽지 않다. 당연한 이야기지만 꿈은 세운다고 이루어지는 게 아니다. 꿈을 향한 구체적인 계획을 세워서 이를 하나씩 실행해나가야 한다. 이러한 매 과정이 모두 '도전'이다. 꼭 알아야 할 것은 '도전도 습관'이라는 점이다. 도전하는 게 습관처럼 몸에 배지 않으면 중도에 지치게 되고 결국 꿈으로의 열정도 아스라이 멀어질 것이다.

삶의 이정표인 꿈이 나아갈 방향을 잡아주고, 꿈을 향한 여정에서 도전 자체가 습관화되면 매사에 정말로 힘이 나고, 당연히 결과도 좋다.

필자는 영업사원들이 이러한 사실을 진심으로 받아들이도록 하는 게 쉽지 않았다. 매일매일 도전해야 한다는 말 자체가 부담이었을 수도 있다. 어떻게 하면 긍정적인 마인드를 갖고 지속적으로 도전을 할 수 있을까. 필자는 종종 영업사원들에게 등산에 빗대 이를 설명한다.

지금부터 당신이 등산을 한다고 가정해보자. 우선 어느 산을 오를지 골

라야 한다. 여기서 산은 일종의 커리어상의 최종 목표인 셈이다. 물론 첫 산행을 하는 사람이 곧바로 에베레스트를 목표로 잡지는 않는다. 여러 산을 목표로 산행을 하다 보면 자신감이 붙고 더 높은 산을 오르려는 시도를 하게 된다.

그런데 모든 산행에는 공통점이 있다. 쉬지 않고 한 번에 오르기는 어렵다는 것이다. 처음 산에 오른다면 산의 높이에 상관없이 '누구라도' 힘들다. 게다가 이제 막 산의 초입에 들어섰는데 정상을 바라보면 너무 멀게 느껴져서 금세 지쳐 버린다. 이제 막 사회생활을 시작한 신입에게 사장이나 임원이 유독 멀리 느껴지는 것처럼 말이다. 그러므로 등산에 처음 도전한다면 산의 높이 따위는 괘념치 말자. 오히려 등산 중간 중간에 작은 목표를 잡자. 또 산행을 하다 보면 가끔 쉬어갈 때도 있고, 때로는 내리막길이 나타나기도 한다는 점을 유념하자.

이때 반드시 유의해야 할 게 있다. 급할수록 천천히! 처음에 너무 급하게 산을 오르려다 보면 정상도 밟아보지 못하고 지쳐서 중도에 하산할 수 있다. 성공도 해본 사람이 하는 법이다. 작은 산이라도 정상을 밟는 습관을 가져야 이후에 한층 더 높은 산에 도전할 수 있다.

다시 사회생활로 돌아오면, 이제 일을 시작했는데 조금 해보고 나서 힘들다고 다른 곳을 기웃거리거나, 초반에 빨리 정상에 오르고 싶어서 속도를 내다가 제 풀에 지쳐 하산, 즉 중도 퇴사하는 친구들을 자주 보았다.

재삼 강조하지만 처음에는 그저 내가 지금 하고 있는 일, 즉 앞만 보고 오늘에 충실하면 된다. 그러다 보면 1차로 잡은 중간 지점의 목표에 다다를 수 있다. 이때부터는 힘이 더 난다. 성공의 맛을 봤기 때문이다. 작은 성공 경험이 쌓이면 정상에 다다를수록 힘든 일이 닥치더라도 에너지가 자연히 생겨난다.

지나친 욕심은 일을 망친다. '하나씩 하나씩' 해나간다고 생각하자. 오늘 정상을 향해 단 1센티미터라도 나아갔다면 당신은 이미 꿈에 가까워진 것이다. 꿈을 높게 잡았다면 당신에게는 당연히 더 많은 도전의 기회가 나타날 것이다. 이러한 기회를 긍정적으로 생각하고 더 치열하게 도전하면 성공 횟수는 늘어날 것이다. 이제 막 사회에 발을 내딛는 사람이건 이미 작은 산쯤은 여러 번 타본 사람이건 상관없다.

왜 우리는 '에베레스트'를 꿈으로 생각하지 않는가?

영업노트

- 꿈을 높게 잡으면 가는 길은 당연히 힘들다. 이를 긍정적으로 받아들이자. 이제 당신은 포기만 하지 않으면 된다.
- 하루에 1센티미터라도 정상을 향해 걷다 보면 언젠가는 정상에 도달할 수 있다. 그 과정에서 성취감을 느껴보자.
- 하지만 너무 부담을 가지거나 지나친 욕심을 내서는 안 된다. 매일, 매월, 매년 전진할 수만은 없다. 오늘 2센티미터 뒤로 밀렸다면 내일 3센티미터 앞으로 나아간다고 생각하라. 그래야 지치지 않고 꿈을 향해 전진할 수 있다.

제약영업의 특성을 이해하라

제약영업은 4D 업종?

사실 일반인은 제약산업과 제약영업을 잘 모른다. 영업사원이 환자 등 소비자와 대면할 수 없어서 더 베일에 가려져 있다. 주로 언론을 통해 극히 일부에 대한 정보만 다뤄지다 보니 오해나 선입견도 많다.

가끔 언론에 등장하는 제약영업자가 노래방에서 박수를 치며 고객을 위해 웃음을 보이거나 고객의 요구를 거절하지 못한 채 쩔쩔 매는 모습처럼 현실과는 동떨어진 것을 접하고 있는 것이다. 리베이트니 하면서 종종 언론에서 크게 떠드는 것도 현실과 괴리감이 많다. 아니면 과거의 모습을 현재의 것인 양 각색해서 보이는 부분도 많다.

그래서인가 필자가 대학을 졸업하고 첫 입사한 다음 날 펴본 신문에는 제약영업이 '4D 업종'이라고 표현되어 있었다. 알다시피 3D는 Difficult, Dirty, Dangerous의 첫 글자를 딴 것이다.

그렇다면 나머지 D는 무엇을 의미할까. 바로 'Dreamless'라는 것이다. 야심 찬 꿈을 품고 입사한 지 이틀 만에 눈에 띈 게 '제약영업은 꿈이 없다'라니. 당혹스럽지 않을 수 없었다. 진짜 이 길을 계속 가야 하나 고민도 많이 했다.

급기야 선배들에게 신문 기사를 보여주면서 "제가 직업을 잘못 선택한 게 아니냐"고 물어보기도 했다. 일을 하다 보니 선배들의 말처럼 그 기사는 제약영업 현장의 일부를 확대 해석했다는 것을 금방 깨닫게 됐다. 외려 그 기사가 난 이후 제약업은 계속 성장했고 제약영업자도 많이 늘어났다.

개인적으로는 제약영업이 타 분야의 영업에 비해 쉽고, 편하고, 상대적으로 보수도 높은 직종이라고 생각한다(보수에 관한 것은 큰 제약사만 해당되는 것이 아니다. 산업별 비교에서도 다른 소비재 산업보다 높은 편이라는 데이터가 많이 있으며 제조업에서는 확실히 상위권에 속한다).

물론 이러한 필자의 생각에 반대하는 사람도 있을 수 있다. 또 제약영업을 타 영업과 일대일로 비교하는 것도 논리적으로는 맞지 않을 수 있다. 하지만 자세히 안을 들여다보면 제약영업은 타 영업에 비해 해야 할 일들이 비교적 명확히 정해져 있음을 알 수 있다. 다루는 제품의 수, 아침에 일어나면 방문해야 할 지역이나 고객이 정해져 있다. 고객도 이미 회사와 관계를 맺고 있는 사람 위주다 보니 고객 관리도 안정적이다.

우리가 상대하는 이른바 엘리트 계층인 의사 고객은 고급 정보를 많이 갖고 있으며 치열한 그들의 삶에서 배울 것도 많다.

개인적으로 다행히(이기적일지 몰라도 개인적으로는 참 다행이라 생각한다) 많은 사람들이 제약영업에 대하여 정확히 모르고 있고, 두려움도 갖고 있으며, 색안경도 끼고 있고, 또 크게 성공하여 이름을 드러낸 사람도 적어서 나 같은 평범한 사람이 이 업종에서 그나마 빛을 보고 있다고 생각해 본 적도 있다.

실제로 외국에서 만난 영업사원들의 이야기를 들어보면, 미국이나 유럽에서는 제약영업이 선망의 직종이며 엘리트 등 우수한 학생들이 제약회사 영업직에 지원한다고 한다.

구체적으로 제약영업의 긍정적 측면을 살펴보자.

첫째, 전문성을 인정받는다. 제약영업은 경력이 쌓이면 전문직에 해당하는 위치를 갖게 되고 그에 걸맞은 대우를 받는다. 그만큼 전문적인 역량이 요구되는 분야다.

제약영업을 오래 하다가 보험이나 자동차 영업 또는 기타 영업으로 갈 수는 있어도 타 영업자가 제약영업자로 오지는 못한다. 제약영업을 하려면 꾸준히 약품에 대한 지식 등을 쌓아야 할 뿐만 아니라 제약영업이란 것이 의사, 약사 등 전문가를 만나야 하는 '전문 영역'이기 때문이다.

둘째, 고객과 함께 움직일 수 있다. 오랜 기간 근무한 사람은 나름대로 고객을 몇 년 이상 지속적으로 관리했기 때문에 타 제약사로 이직하더라도 그대로 고객을 가져갈 수 있다. 예컨대 한 지역에서 5년 이상 근무한 영업사원은 이미 고객들의 상황을 잘 알고 있고 시장 및 경쟁 상황도 꿰고 있어서 훨씬 유리한 고지를 점할 수 있다.

또한 영업사원은 고객과 가족 같은 관계를 맺는 경우가 많다. 주요 고객은 한 달에 서너 번 이상 얼굴을 마주치는데 어떻게 가까워지지 않을 수 있겠는가. 이렇게 장기간 공을 들여 가까워진 충성 고객은 언제든 당신의 든든한 파트너가 되어줄 것이다.

셋째, 시장의 변동이 심하지 않다. 우리가 다루는 약이나 의료 관련 제품은 전문가들이 1차 소비를 하는 것이라서 소비재나 금융 상품과 달리 변화가 크지 않다. 소비재 제품은 신제품 출시 후 바로 다음 날 비슷한 제품이 나오기도 하고 시장 점유율 1등이 됐다가도 한 달 만에 5등쯤으로 내려앉기도 한다.

반면 제약산업에서는 제품이 나와서 사라질 때까지의 제품 라이프사이클을 예측할 수 있다. 또한 개발한 지 몇 십 년 넘은 제품이 아직도 시장에서 처방되는 등 제품의 생명력도 긴 편이다. 소비재 제품을 마케팅 하다가 제약업계로 이직하신 한 지인은 이 같은 이유를 들어 제약산업이 매우 안정적인 비즈니스 모델이라고 평하셨다.

물론 영업 현장이 녹록하다는 것은 결코 아니다. 영업 현장은 매일매일 긴장의 연속이다. 다만 산업 특성상 영업을 통해 얻을 수 있는 효과가 예측 가능하다는 것이다.

제약영업의 독특성

- 고객의 차원이 다르다. 제약영업은 전문가를 대상으로 한다.
- 판촉하는 제품이 소비재가 아니므로 정확한 정보를 전달해야 한다. 제약영업자는 사람의 생명과 직결된 약을 다룬다는 점을 잊지 말자.
- 담당 지역 및 고객이 명확하게 할당된다.
- 업계에서 한 번 신뢰를 잃으면 다시 자리 잡기가 힘들다. 제약산업은 파이가 비교적 작아서 고객과 영업사원 모두 한정되어 있기 때문에 서로 모르는 사람이 없을 정도다.

영업자는 전지전능해야 하는가?

영업자를 타깃으로 한 대부분의 자기계발서는 '영업은 태도가 중요하다', '고객에 대하여 전략적으로 사고하라', '상황을 분석해야 한다', '고객 만족을 위해 노력해야 한다', '제품이 아닌 자신을 먼저 팔아라' 등의 메시지를 던진다.

이밖에도 '잠재력이 큰 고객에게 가라', '2대 8의 파레토 법칙을 따르라', '문제 해결력을 키우라', '불만을 효과적으로 관리하라' 등 몇 가지 공통된 핵심 성공 요인이 서술되어 있다. 요컨대 '전지전능한' 사람이 되라는 것이다. 그것을 수백 페이지에 달하는 종이에 온갖 미사여구를 붙여서 써놓는다. 더구나 현실감이 떨어지는 자신들의 신화 같은 이야기를 예로 들면서 말이다.

그러나 이 모두를 완벽히 갖춘 영업자는 존재할 수 없고 그럴 필요도 없다. 이러한 이야기는 수십 년간 수십만 명의 영업자 중 성공한 이들의 스토리를 조각조각 모아 만든 것일 뿐이다.

주변에 제약영업 좀 해본 사람들 중에 영업 하면 최고라고 자부하는 분들에게 영업이 뭐냐고 물어보면 다들 하는 한마디. "이야기보따리를 풀자면 하루도 부족하지만 간단히 말해서 이거 이거다" 하고 아주 쉽게 설명을 해준다. 한데 막상 들어보면 누구든 한 번쯤 생각했거나 시도했던 것이다. 다시 말해 영업에서 뭔가 특별한 것을 찾기란 쉽지 않다.

그렇다. 아마 그게 영업일지 모른다. 영업에는 정도도 왕도도 없다. 영업이란 것이 워낙 영업자 개개인의 특성과 고객의 성향, 영업 환경 등 각종 요인이 합쳐져서 결과가 나오는 것이라서 누구도 쉽게 "영업이란 바로 이것이다"라고 답할 수 없다.

그런데 이 얘기 저 얘기를 자세히 듣다 보면 뭔가 한 가지로 통하는 원칙이 있다는 느낌이 든다. 도대체 영업을 잘하는 사람과 못하는 사람은 뭐가 다를까?

하나 터득한 것은 필요한 영업 능력이 다양하겠지만 성공한 영업자는 확실히 잘하는 것이 한두 가지는 꼭 있더라는 것이다. 결국 제약영업계에서 성공하려면 모든 것을 잘하기보다는 하나라도 잘해야 한다. 이 책에 제시한 것 중 한두 가지만이라도 잘하는 것이다. 그러면 남들과 나를 차별화할 수 있다.

완벽을 지향하는 것은 절대 차별화 전략이 될 수 없다.

- 제약영업에는 왕도가 따로 없다. 길은 스스로 만들어가는 것이다.
- 제약영업은 시장도 고객도 다양하며 현장도 그때그때 상황이 다르다. 이러한 변수에 맞는 전략을 찾는 것이 우선이다.
- 그러고 나서 자신이 잘할 수 있는 한두 가지를 찾아서 꼭 실행에 옮기도록 하자.
- 부끄러워하거나 자존심 상한다고 생각하지 말고 주변의 일 잘하는 사람의 노하우를 훔쳐와라. 내 것으로 만들면 된다.

우리는 MR이다

『인재전쟁』(에드 마이클스 등 저)이라는 책에 'Employee Value proposition'이라는 표현이 있다. 직원들이 왜 이 직장에서 일하고, 무엇을 위해 일하는지 등 자신이 하는 일이 어떠한 가치를 가지는지 이해하고 확신을 가질 때 생산성과 성공률이 높아진다는 것이다.

만약 한 기업의 CEO가 직원과의 미팅에서 자신감 없는 목소리로 회사의 성장에 대하여 이야기한다면 어느 직원이 그를 따라가겠는가. 이와 마찬가지로 고객은 자신감 있는 영업사원을 좋아한다.

고객은 영업사원이 문을 열고 들어서는 순간 그에 대한 모든 판단이 가능하다고 한다. 고객들은 하루에도 수십 명의 다양한 사람을 만나기에 아주 작은 것을 보고도 사람에 대한 판단을 정확히 내린다.

특히 고객들은 짧게는 몇 년 전부터 길게는 몇 십 년 동안 천태만상의 영업사원을 보아왔기 때문에 영업사원을 보는 나름의 철학이 있다. 그런 분들에게 영업사원이 일에 대한 자신감과 사명감을 갖지 않고 그저 시키는 일이니까 또는 어쩔 수 없이 하는 일이니까 하는 모습으로 다가가면 고객은 금방 이를 알아차리고 비즈니스 관계를 더 이상 발전시키려 하지 않는다.

그렇다면 제약회사 영업사원으로서 사명감은 무엇인가. 우리는 우리가 마케팅 하는 제품의 최종 소비자, 그들의 심리가 어떤지 명료하게 이해해야 한다. 환자는 하루라도 빨리 현재의 고통을 덜기 위해 의사나 약사를 찾는다. 제약영업은 바로 그 고통을 덜어주고 모두가 건강한 삶을 살 수 있는 기회를 제공하는 직업이다. 요컨대 환자의 삶에 공헌하는 직업인 것이다.

요즘은 그래서 제약회사 영업사원이라는 말보다 'MR(Medical Representative)'라는 표현을 쓴다. 의료 정보를 전달하는 대리인이라는 뜻이다. 우리는 MR로서 사명감을 꼭 가져야 한다. 당신은 중요한 사람이다!

영업노트

- 다른 사람이 당신의 일에 가치를 매기도록 하지 말고 스스로 자신의 일에 가치를 부여해야 한다.
- 일에 가치를 잘 느끼지 못하는 영업사원은 고객들도 쉽게 알아본다. 자신의 일에 가치를 두게 되면 자신감이 생기고 자신감은 신명 나게 일하는 모습으로 표출돼 고객을 움직인다.
- 제약영업은 질병으로 고통 받는 환자가 즐거운 삶을 살 수 있도록 돕는 일이라는 사명감부터 갖도록 하자.

격전지의 전략 지도를 만들어라

시장 분석은 상위 10%의 출발점

자신이 맡게 되는 지역 또는 거래처를 분석하는 일은 매우 중요하다.

제약영업은 자동차나 보험영업과 달리 영업사원이 영업을 시작할 시점부터 담당할 의원이나 약국이 주어진다. 또 특정 병원 내의 특정 분과, 예를 들면 내분비 내과, 순환기 내과 등 본인이 관리해야 할 '시장(market)'이 주어진다.

이 시장은 사내 다른 영업사원과 겹치지 않는다. 간혹 중복되게 고객을 만나더라도 서로 다른 제품을 판촉하기 때문에 경쟁을 하는 관계는 아니다.

제약영업자는 이처럼 주어진 시장에 대해서 자신을 '소사장'으로 여겨야 한다. 제약영업은 '비즈니스 오너십(Business ownership)'이 여타 영업보다 훨씬 중요하며 이러한 자세가 기본이 되어야 일을 잘할 수 있다.

영업의 첫걸음은 고객별로 고객이 처한 시장, 프로필과 거래 현황 등 고객 히스토리와 고객 성향, 그리고 경쟁 제품 및 경쟁 상황, 타사 대비 자사에 대한 고객의 호감도 등을 철저히 분석하는 일이다.

영업을 처음 시작하는 사람이든 몇 년 이상 영업을 하던 사람이든 새로운 지역을 맡게 되면 이에 대처하는 유형은 두 가지로 나뉜다. 첫째, 무조건 고객을 많이 만나야 한다는 생각으로 일단 부딪치고 본다. 둘째, 새로운 지역을 미리 분석하고 전략을 세운 다음 공략한다.

어떤 유형이 영업 실적이 좋을까? 누구의 손을 들어줄지 독자 여러분은 이미 눈치 챘을 것이다. 물론 두 번째 유형이 당장의 실적은 첫 번째 유형보다는 좋지 않을 수 있다. 그러나 특정 지역에 대한 오너십(ownership)을 갖고 지역을 키워가기 위해 전략적으로 움직이기 때문에 실수가 줄고 효율성이 높아져 갈수록 빠르게 성장한다. 또 이런 식으로 키운 지역은 고객이 바뀌더라도 거래 관계가 지속된다.

그렇다면 시장 분석은 어디까지 해야 하는가?

우선 기존의 세일즈 기록, 전임자와 고객과의 히스토리, 고객의 프로필 등을 수집해야 한다. 그 후 직접 발로 뛰면서 파악한 주변의 경쟁자, 고객의 주변 인물로부터 얻은 정보, 사내 다른 직원 또는 전임자로부터 얻은 기타 정보를 종합해서 자신만의 고객 포트폴리오를 만들어야 한다.

그리고 나서 지속적으로 담당 지역 내 경쟁 제품 사용 추이와 성장 가능성, 제품과 고객 간의 상관관계 등 다양한 정보를 마련하면 자연히 영업의 효율성은 높아진다. 타깃 고객을 빠른 시간 내에 원하는 방향으로 이끌 수 있는 것이다.

준비되지 않은 전투는 때론 엄청난 희생을 가져온다. 실제로 영업사원들에게 각 지역을 분석한 자료를 제출하라고 하면 너무나 부족한 자료를 갖고 영업하고 있는 것을 자주 발견한다. 담당자가 바뀔 때마다 파악하는 정보가 다르기도 하고, 상세히 조사하지 않은 것은 단지 빈칸을 메우기 위해 추측해서 기재하기도 한다.

알다시피 잘못된 정보는 잘못된 전략을 낳는다. 영업의 첫 단추인 시장 분석, 즉 지역 및 고객 파악이 잘 안 되면 결과는 불 보듯 뻔하다.

지역 정보를 파악하는 데는 평균 최소 3개월가량 걸린다. 그래야 큰 그림이 그려진다. 6개월쯤 되면 세부 정보의 정확도가 올라간다. 물론 조사하는 속도를 줄이면 남보다 더 빨리 성과를 낼 수 있다.

지역 및 고객 분석은 건축으로 치면 기초 공사에 속한다. 날림 공사를 막기 위해 영업사원들이 지역과 고객을 파악하는 데 더 많은 공을 들였으면 한다. 상위 10%는 이러한 과정부터가 남다르다.

종합적으로 시장을 분석하라

- 거래처명, 고객명, 주소, 연락처 등 기본적인 고객 프로필
- 고객의 출신 학교, 가족 관계, 전공 분야, 취미 등 세부적인 고객 프로필
- 고객별 제품 매출 현황 및 구매 이력, 경쟁 제품 상황, 일일 환자 수 등
- 고객의 자사 및 자사 제품에 대한 생각 및 주요 문제점
- 고객이 환자 관리를 위해 평소에 관심을 가졌던 분야
- 고객이 기존에 자사와 함께 진행했던 일들
- 고객의 주요 커뮤니케이션 상대(누구와 자주 이야기를 나누며, 누구의 의견을 많이 많이 듣는지 알아낸다.)

전략 지도 만들기

영업을 잘하는 사람은 지역과 고객을 분석하는 데서 그치지 않는다. 분석이 끝나면 특성별로 그룹을 묶은 후 그에 맞게 대응 전략을 세우고 또 그 전략에 입각해서 다양한 교육 프로그램 계획을 짠다.

단순히 어떠한 프로그램을 운영할지 나열하는 수준이 아니다. 정성적, 정량적 목표를 정하는 것이다. 정성적 목표는 고객별로 제품에 대한 인식과 태도를 어떻게 바꾸어 나갈지 정하는 것이다. 정량적 목표는 세일즈 목표치를 잡는 것이다.

상위 10%의 영업자는 각 목표별로 목표 시한까지 정해둔다. 언제까지 어느 프로그램을 통해서 고객의 태도를 변화시킬지 정해놓는 것이다. 이보다 더 구체적으로 준비하는 사람은 단계별 목표와 단계별 시간까지 정해서 고객 관리를 한다.

목표를 설정하고 전략과 계획을 세움으로써 '전략 지도'는 완성된다. 전략 지도를 만들면 이미 영업의 절반은 끝났다고 봐도 좋다. 물론 실제로 영업을 진행하다 보면 계획대로 성사되지 않는 일들이 부지기수다. 하지만 자신이 사수해야 할 전쟁터에서 전략 지도를 손에 쥐고 있으면 나머지 변수에 대해서는 일을 진행하면서 수정, 보완할 수 있다.

아무리 자주 전략 지도를 수정한다 해도 전략 없이 움직이는 것보다 훨씬 낫다. 전략을 수정하면서 실수는 계속 줄고 일의 효율성이 올라간다.

전략 지도를 만들었다면 프린트해서 수첩이나 차에 넣고 다니면서 실행한 것에 체크를 한다. 이 과정을 통해 자신이 현재 어느 위치에서 영업을 하고 있는지 수시로 파악할 수 있다. 안타깝게도 이렇게 전략 지도를 만드는 영업사원은 그리 많지 않다. 이 과정이 얼마나 중요하고 가치 있는 일인지 아무리 설명해줘도 개선이 잘되지 않는다.

이들은 다음과 같은 특성이 있다. 첫째, 계획을 중요시하지 않으며 현장에서 그저 발로 뛰는 것이 최고라고 여긴다. 둘째, 시간이 없다고 핑계를 댄다. 셋째, 전략을 세워본 경험이 부족해 체계적으로 전략을 짜지 못한다.

마지막으로 불편하고 복잡하다고 생각해서 귀찮아한다. 물론 이외에도 직장 상사가 전략 지도가 불필요하다고 생각해 팀원의 행동에 제동을 거는 케이스도 있다.

이유 여하를 막론하고 전략 지도를 그리지 않는 영업자는 대개 소사장으로서의 오너십이 없고 주어진 일만 열심히 하면 된다는 단순한 사고방식을 갖고 있는 듯하다.

과거에는 이러한 영업 방식으로도 즉, 치밀한 전략을 짜지 않아도 성공했을지 모른다. 하지만 지금은 그야말로 '정보 전쟁' 시대다. 정보를 선점하기 위해 디테일한 계획을 세우지 않으면 백전백패할 수밖에 없다. 그래서 대다수 제약사에서는 영업사원이 현장에서 효율성을 높일 수 있도록 여러 가지 프로그램을 개발해서 지원하고 있다.

하지만 제약사에서 제공하는 정보는 전국에서 포괄적으로 수집한 것을 공유하는 차원이라서 세부적이지 못하다. 결국 영업사원 개개인이 현장에서 게릴라처럼 창조적으로 전략을 수립하여야 한다.

더구나 제약 시장뿐만 아니라 전문가 집단인 우리의 고객도 갈수록 세분화되고 있기 때문에 '게릴라 마케팅'은 제약영업에서 매우 유효한 방안이 될 것이다.

고객을 그룹핑 하면 보다 효율적으로 전략 지도를 그릴 수 있다. 우선 고객별 특성을 파악해 이를 취합한 후 그룹별로 나눈다. 이때 한 고객이 여러 그룹에 속할 수도 있다. 그룹별 이슈를 정한 후 그룹핑을 하다 보면 한 고객이 여러 이슈에 해당할 수 있기 때문이다. 각각의 이슈로 구분하다 보면 몇 개의 큰 그룹으로 나누어진다.

이슈를 너무 세세히 쪼개면 해야 할 일들이 과도하게 분산될 수 있으니 유의하라. 특정 지역 및 고객 그룹별로 가장 큰 이슈 5가지 내에서 그룹핑 하는 것이 좋다. 이슈가 명확하게 파악되어야 그에 맞는 전략을 찾을 수 있다.

물론 제약영업에 새롭거나 특별한 전략은 거의 없다. 전략 수립 시에는 기존에 많이 실행된 전략이나 성공했던 전략을 벤치마킹하면 된다. 기존 전략에 맞는 실행 프로그램은 이미 사내에 개발되어 있을 것이다. 이를 활용하면 된다. 여기에 한두 가지 자신이 현장에서 추가할 전략만 적어도 충분하다.

전략을 세운 후에는 시간과 목표를 관리하는 일이 아주 중요하다. 매번 전략을 실행하면서 이를 체크해두면 자신이 진행하고 있는 사안에 대하여 좀 더 큰 그림을 그려볼 수 있다.

전쟁 영화의 한 장면을 떠올리면 이해가 쉽다. 장군들이 모여서 작전 지도를 펼쳐 놓고 병력과 장비를 어떻게 이동시킬지, 승리가 예상되는 지역은 어디인지, 그 후에는 어디를 공격할지 깃발을 꽂으면서 토의하는 모습 말이다.

한 가지 더 제의하자면 지역과 고객을 분석한 내용은 앞면에, 그룹별 전략 지도는 뒷면에 프린트해서 항상 갖고 다니자. 이는 영업 실행력을 배가할 수 있는 유익한 팁이다. 사이즈는 상관없다. 가능하면 수시로 볼 수 있도록 만드는 게 좋다.

영업노트

전략 지도 작성 순서

- 고객 특성 및 이슈별로 고객 그룹핑을 한다.

  예) 경쟁 제품 사용 그룹, 질환에 관심이 없는 그룹, 자사 제품을 많이 사용하는 그룹, 환자는 많은데 비즈니스와 연결시키기 어려운 그룹 등
- 각 그룹별 최종 목표를 정성적, 정량적으로 세운다.
- 각 그룹의 이슈별로 해결 전략을 세운다. 이때 전략별 우선순위를 꼭 정한다.
- 전략에 맞는 사내 프로그램을 배치한 후 정성적, 정량적 목표를 부여한다.
- 각 프로그램별로 구체적 실행을 위한 타임 라인(time line)을 세운다.
- 실행 여부를 판단할 수 있는 표시를 해둔다.

  예) 가장 많이 쓰는 방법은 빨강, 노랑, 파랑 색깔로 표시하는 것이다. 실행이 잘 안 되었을 때는 빨간색, 성공적으로 실행되었을 때는 파란색으로 체크한다. 실행은 했으나 성패 여부가 미지수라면 노란색 표시를 한다.

고객 관계에서 균형 맞추기

전문가 고객을 더 세분화하라

'고객을 세분화하고 차별화된 영업을 해야 한다'는 말은 영업에서 기본 중의 기본 원칙이다. 그러나 영업사원 교육 매뉴얼을 보면 고객에 따른 특성은 고려하지 않은 채 일반적인 주제를 나열하고 그에 대한 가이드라인만 제공하고 있다.

고객도 환자 수나 품목별 세일즈 등 회사 내부의 기준에 따라 분류하고 있다. 행동 변화의 원인이 되는 고객의 감성적 특성과 같은 정성적 분류는 하지 않고 있는 것이다. 또한 '성공을 위한 7가지 원칙' 식으로 대단한 법칙이 존재하는 것처럼 설명하고 있다. 그러나 우리의 일상은 이러한 법칙과는 많이 동떨어져 있다.

다른 영업도 마찬가지이지만 제약영업을 잘하려면 우선 고객을 이해하여야 한다. 그들은 전문가다. 모범생, 우등생 시절을 거쳐 지금의 전문가가 되기까지 수도 없이 도전하고 시련을 극복해왔다. 이 같은 사실을 존중해야 한다.

또 현재 그들의 위치에 따른 특성을 이해하여야 한다. 의사는 크게 종합병원, 준종합병원, 개원가 의사로 나눌 수 있다. 같은 의사라도 이처럼 저마다 상황이 다르고 행동 양식도 다르다.

약사도 마찬가지다. 약사는 병원에서 근무하는 약사와 개국 약사로 나뉜다. 개국 약사도 고용인이냐 피고용인이냐에 따라 행동 양식이나 가치관이 판이하다. 간호사도 흔히 얘기하는 RN(Registered Nurse : 간호사)

과 AN(Auxiliary Nurse : 간호조무사)을 이해하여야 한다.

전략 지도를 마련하기 위한 기초 지식을 쌓으려면 우선 이렇게 다종다양한 고객을 세밀하게 이해하여야 한다.

예를 들면 종합병원 의사는 진료를 보면서 연구를 병행하며, 대학 교수도 맡고 있다. 낮에는 병원에서 많은 수련의, 전공의에 둘러싸여 일을 해야 하고, 연구실에서는 연구원들과 같이 실험과 씨름해야 하며, 밤에는 각종 학회 일을 한다.

이러한 종합병원 의사에게 개원의를 대상으로 하는 영업 전략을 구사했다가는 좋은 결과를 기대하기 어렵다. 또 종합병원 의사는 담당자 혼자 고객 관리를 하는 게 여의치 않을 수 있다. 이러한 경우에는 마케팅, 메디컬 등 타 부서의 지원을 받거나 팀장, 본부장, 이사 등의 도움을 받을 필요가 있다.

마찬가지로 준종합병원 의사와 개인 사업자라 할 수 있는 개원의들의 특성에 대해서도 충분히 숙지하여야 한다.

현재 상황과 기대 욕구뿐만 아니라 의대, 약대, 간호대 등에서 어떠한 과정을 거쳐 현재의 전문가가 되었는지 세세하게 이해를 하여야 그에 걸맞은 특성화된 영업 전략을 만들어낼 수 있다.

- 고객의 특성을 파악할 때는 현재의 외형적 행동만 보지 말라. 그가 현재의 전문가가 되기까지 과정뿐만 아니라 업무 외 다른 영역까지 세세히 이해하여야 한다.
- 고객을 세분화해 이해하면 더 치밀한 영업 전략을 세울 수 있다.

나를 고객에게 맞추는 것이 더 빠르다

사람들은 다양한 환경에서 각양각색의 성격을 갖고 살아가고 있다. 특히 사람을 만나는 일이 주 업무인 영업을 하다 보면 나와 다른 사람이 참 많다는 것을 깨닫게 된다. 영업 현장은 이렇듯 인간 군상을 만날 수 있는 곳이다.

대학, 동아리, 클럽 같은 데서도 다양한 사람을 만날 수 있지만 이런 모임은 친목 도모 차원에서 만든 것이라서 사람의 본성은 잘 보지 못한다. 영업은 이보다 복잡한 관계이다. 영업은 고객과 내가 이익 관계로 얽혀 있으며, 인간적으로도 좋은 관계를 맺어야 한다.

그런데 현실은 어떤가. 영업사원들이 고객을 욕하는 것을 종종 들었다. 누구는 어떻고, 누구는 뭐가 문제고, 누구는 왜 그렇게 행동하는지 이해를 못하겠다면서 말이다. 하지만 곰곰이 생각해보자. 당신이 처음 한 고객을 만났다면 당연히 그는 생면부지의 인물이다. 이후에 아무리 가까워진다고 해도 가족, 친척, 친구와는 다른 차원의 관계일 수밖에 없다. 더욱이 그 고객에게 영업사원은 나만 있는 것이 아니다. 그는 하루에도 수십 명의 영업사원을 만난다.

우리의 고객은 사람에 대한 경험도 우리보다 훨씬 많다. 그래서 아무리 내가 원하는 방식대로 고객을 바꾸려고 해도 쉽게 바뀌지 않는다. 수년간 고착된 패턴을 불과 몇 개월, 몇 년 만난 나 때문에 바꾸지는 않을 테니 말이다. 해서 우린 인식을 전환하여야 한다. 고객이 아닌 내가 바뀌어야 고객이 바뀐다. 아니, 고객이 바뀐 나를 받아들이고 행동을 변화한다는 말이 옳다.

고객을 나에게 맞추기보다 나를 고객에 맞추는 것이 훨씬 더 빠르다. 물론 이게 쉽지만은 않다. 최악의 경우 고객 관계가 난관에 봉착했다면 그때는 어쩔 수 없이 내가 맞출 수 있는 새로운 고객을 찾아 나서기도 해야 한다.

앞서도 언급했지만 제약영업계에서는 '맨 땅에 헤딩'하는 일이 극히 드물다. 담당할 고객이 처음부터 주어지기 때문이다. 이때 전임자는 자신이 고객 관리를 어떻게 해왔는지, 고객의 특성은 무엇인지 등 고객에 대한 정보를 넘겨준다. 새로운 고객을 접하게 되는 사람의 입장에서는 전임자의 정보는 무엇보다 소중한 자료다.

그런데 여기에는 많은 함정이 도사리고 있다. 우선 전임자와 후임자는 기본적으로 성격, 성향 따위가 다르다. 또 전임자가 일했던 시점은 이미 지났으므로 영업 환경도 다소 바뀌었을 것이다.

고객 역시 시장의 변화에 따라 예전과는 다른 상황에 놓여 있을 것이다. 이 같은 상황에서 전임자에게 받은 정보는 유효 기간이 지났을 수 있다. 또 전달 받은 정보는 전임자의 고정 관념이나 개인적 선호도에 따라 일부 뒤틀렸을 수도 있다.

그래서 이른바 영업 선수들은 "전임자가 알려준 고객 정보는 반만 믿어라"라고 충고한다. 또 "담당자가 바뀌면 10대 거래처도 바뀌므로 고객을 다시 발굴하라"고 조언한다.

이러한 조언은 현장에서 쉽게 들을 수 있지만 이를 실천하는 영업사원은 별로 없다. 대부분 그저 회사와 오랫동안 관계가 있었던 고객 위주로 영업을 하거나, 거래량이 많거나 자신에게 호의적인 고객에게 집중한다. 그러다 보니 새롭게 가치를 창출하기보다는 단지 현재의 위치를 방어하는 선에서 영업을 하게 된다.

결국 관리에 소홀했던 고객들은 쉬이 리스크에 노출된다. 영업자 입장에서는 리스크 관리가 갈수록 부담스러워지고 고객 발굴은 점점 더 뒷전으로 미뤄진다.

그렇다면 회사의 고객과 나의 고객은 다른 것일까?

그렇다. 나의 고객은 회사의 고객과 다를 수 있다. 결과는 회사가 원하는 방향과 일치해야 하겠지만 고객을 선택하는 기준은 스스로 만들어내야 한다. 그러려면 가능한 한 많은 고객을 만나봐야 하며, 고객에 대한 선입견도 버려야 한다.

상위 10%의 영업사원들은 회사 또는 전임자가 도저히 안 된다고 한 지역이나 비즈니스 관계가 없었던 고객을 발굴해 키운 성공 사례를 하나씩은 갖고 있다. 이처럼 한 명 한 명씩 고객을 독자적으로 창출해야 한다.

성공하는 제약영업자는 오늘도 현실에 만족하지 않고 새로운 고객을 찾아 나선다.

- 사람은 쉽게 바뀌지 않는다. 고객을 바꾸겠다고 생각하지 말고 고객을 보는 나의 시각을 바꿔라. 그게 훨씬 빠르다.
- 현재 고객을 변화시키기 어렵다면 새로운 고객을 확보하는 데 공을 들여야 한다. 그 와중에 자신만의 영업 전략을 만들 수 있는 새로운 토대가 마련된다.

고객에게 끌려 다니지 말라

주변에 좋은 학교 나와서 똑똑하고, 열정도 있고, 성실하고, 일 잘한다는 칭찬을 자주 듣는 영업사원이 몇 명 있다. 집안 환경도 좋고, 삶의 군더

더기가 별로 묻어나지 않는 좋은 인상도 지니고 있다. 게다가 예의도 발라 선배나 상사에게도 늘 깍듯하다.

그런데 우연하게도 이들은 공통점이 있다. 바로 영업 달성률이 꼭 100% 에서 2%가량 부족하다는 것이다. 이들은 왜 100%를 달성하지 못할까?

이에 대하여 고민하던 중 이들과 같이 고객 방문을 하면서 한 가지 문제점을 발견하였다. 한 발치 뒤에서 고객과 대화하는 모습을 지켜보았는데 그들은 고객과 서로 방향이 다른 이야기를 하고 있었다.

대부분 젊은 친구들이다 보니 일방적으로 자신이 하고 싶은 말만 하려고 했다. 나름 영업 교육에서 배운 건 있어서 고객에게 질문을 던지기는 했지만 그 질문을 자신이 전달하고자 하는 것으로 연결시키지는 못했다.

또 고객은 환자가 기다리고 있어서 마음이 급한데 이야기를 늘어뜨리고 있었다. 고객 반응과 무관하게 대화를 하는 것도 보았다. 고객은 대화를 하면서도 인터넷을 검색하면서 딴 생각을 하고 있는데 본인의 이야기만 늘어놓는 것이다.

이쯤 되면 그들의 문제점이 무엇인지 알 수 있을 것이다. 바로 '고객에게 끌려다니고 있다'는 것이다. 본인이 할 이야기를 실컷 했다고 해서 고객을 이끈 것이 아니다. 고객을 내가 원하는 방향으로 끌고 가려면 억지로 잡아당겨서는 안 된다. 우선 고객을 잘 파악한 후 내 쪽으로 움직이도록 해야 한다. 그러려면 고객의 현재 감정 상태나 관심 사항, 업무 관련 이슈 등 사전 정보를 알아내야 한다.

이것만으로는 부족하다. 고객 대응 시 순간 상황 파악 능력이 있어야 한다. 임기응변으로 상황에 맞게 대처하는 능력은 훈련을 하면 충분히 만들어낼 수 있다.

사전 정보를 파악하고 임기응변 능력까지 갖추었다면 더 이상 고객에게 끌려갈 일은 없는 걸까? 그렇지만은 않다. 더 좋은 방법은 없을까? 필자가 많은 인터뷰를 통해 찾아낸 방법이 있다. PR도 하기 나름이라는 것이다.

영업사원들과 현장을 동행 방문하면 두 가지 유형을 볼 수 있다.

첫 번째 유형은 고객에게 원하는 바를 요청할 때 "이번 달 너무 힘듭니다. 도와주십시오", "이번에 100% 못하면 저 잘립니다", "저희 팀이 꼴등인데 한 번 밀어주십시오" 등 어려운 처지를 설명하면서 고객에게 동정을 사려고 한다.

실제 많은 영업사원들이 이런 식으로 어떻게든 현재의 어려움을 극복해 보려고 노력하고 있는데 결과는 그리 좋지 않다. 고객은 징징대는 사람을 자발적으로 도와주지는 않는다.

두 번째 유형은 "제가 이번에 팀에서 3등 했는데 이왕이면 1등으로 밀어 주십시오", "지난번에 3%가 모자라서 우수 영업사원 상을 아깝게 놓쳤습니다. 이번 달에는 한번 밀어주십시오. 제가 한턱 내겠습니다", "지금 석 달 연속 100%가 넘고 있습니다. 올해 100% 계속해서 달성하면 특진할 수 있습니다. 잘해보겠습니다" 등 자신의 성장에 힘을 실어 달라는 뜻을 갖고 말한다.

이렇게 의사 전달을 하는 영업사원에게는 고객도 "누구의 1등을 위하여", "누구 한번 특진 시킵시다" 하는 반응을 종종 보인다.

자신을 어떻게 PR 하느냐에 따라 고객의 반응이 달라진다. 고객은 당연히 회사에서 입지가 별로인 사람보다 잘 나가는 사원을 더 신뢰한다.

필자는 고객이 자신과 함께했던 사람들이 성공해서 승진했을 때 함께 기뻐하는 것을 많이 보았다. 그만큼 타 영업보다 제약영업은 영업자와 고객 간의 거리가 훨씬 가깝고 더 인간적이다. 이 점을 잘 활용해 자신을 멋지게 PR 하는 것도 능력이다.

자신의 의지를 내비치고 구체적인 목표를 제시하면 고객도 도와주고 싶은 마음이 생길 것이다. 내가 알고 있는 한, 제약업계에 있는 고객들은 항상 당신의 편이 되어줄 준비가 되어 있다.

- 고객에게 끌려가면 자신이 원하는 바를 얻지 못할 뿐더러 다른 영업사원과 차별화도 안 된다.
- 고객을 내가 원하는 방향으로 이끌고 싶다면 자신의 목표를 구체적으로 표현하고 고객이 도와주고 싶어하도록 해보자.

친구나 선후배가 돼선 안 된다

제약영업을 하다 보면 한 고객과 1년에 적게는 5~6번, 많게는 20번 이상 만난다. 또한 제품 관련 세미나나 식사를 하면서 꽤 긴 시간을 함께 보내기도 한다. 그러다 보니 고객과 자연스럽게 가까워진다. 물론 서로 친해지면 어려운 점을 거리낌 없이 이야기도 하고, 고객에게 인생 선배로서 조언도 들을 수 있다.

고객이 자신을 전적으로 믿어준다고 생각되면 형, 동생 같은 관계처럼 행동하기도 한다. 이때 자주 나오는 말이 "우리 함께하자", "너는 내가 밀어준다" 같은 것이다. 물론 영업사원 입장에서는 더없이 든든한 말이 아닐 수 없다.

하지만 주의할 점이 있다. '영업의 고수들은 고객과 같이 어울리되 절대 휩쓸리지는 않는다'는 것이다. 고객과 신뢰를 쌓기는 하지만 이는 전적으로 비즈니스 차원의 신뢰다. 그렇다고 인간적인 면모를 감추거나 인간적인 이야기를 일부러 피하지는 말라. 다만 보이지 않는 적절한 거리를 유지하는 것이다. 그래야 정작 영업사원 본인이 원하는 이야기를 할 수 있다.

너무 친하다 보면 오히려 어려운 부탁이나 업무상 꼭 해야 할 말을 제대로 전달하지 못할 수 있다. 또 거절을 해야 하거나 정책이 바뀌었을 때 곤란해질 수 있다.

명심하자. 고객과의 관계는 자신이 한 회사의 영업사원으로 있으면서 맺어진 것일 뿐이다. 과도한 상호 관계에 대해서는 꼭 주의해야 한다.

적절한 거리를 유지한다는 게 쉽지는 않을 것이다. 1년에 20번 이상 만나는 고객에게 사무적으로만 대할 수는 없는 법이므로. 그럼에도 고객과 나는 일로써 만난 관계이므로 '업무상 항상 믿고 찾을 수 있는 사람'으로 포지셔닝 하기 바란다. 이것이 상위 10%로 가는 길이다.

영업노트

- 고객과 가까워지는 것은 중요하다. 하지만 이를 오해해서 고객을 마치 친한 친구나 선후배처럼 대하다가는 업무상 쌓아놓은 신뢰가 무너질 수 있다.
- 영업사원은 고객과 비즈니스로 맺어진 파트너임을 항상 주지하자.

영업에서 창조는 '실행의 창조'다

Steal Shamelessly, Share Generously!

영업의 역사가 상업 거래가 이뤄진 시기부터 이루어졌다고 한다면 수천 년이 될 것이다. 하지만 만약 영업을 사람과 사람 간의 거래, 즉 협상을 해서 이득을 얻었던 것으로 간주한다면 그 역사는 족히 수만 년은 되지 싶다.

거래를 위해 협상과 설득을 하고 상호 이익을 도모하는 게 영업이라고 할진대 그 역사는 길어도, 딱히 새롭게 바뀐 것은 없다. 물론 영업 매뉴얼이라든가 마케팅 전략, 마케팅 프로그램 등이 연구, 개발되고 있지만 이는 구체화, 정교화의 차원이지 '창조'라고 하기는 어렵다.

영업을 잘하려면 창조적인 영업, 차별화된 영업을 하라고들 하고, 이는 직종에 상관없이 보편타당한 말이긴 하다. 하지만 제약영업 현장에서는 '창조', '차별화'의 의미가 좀 다르다. 여기서 창조나 차별화는 새로운 아이템, 새로운 전술을 개발한다기보다는 실행 측면에서 다른 시도를 해보는 것이다.

주지하다시피 고객의 마음을 사로잡는 법은 천차만별이다. 새로운 고객에게 나를 알려야 한다고 해보자. 여러 가지 대안이 있을 수 있다. 명함에 사진 넣기, 새벽에 방문하기, 매일 방문하기 등 너도나도 자신만의 방법을 사용하려고 할 것이다.

그러면 결국 차별화라는 게 별 것 없고 결국 누구나 할 수 있는 것 아니냐고 반문할 수 있다. 꼭 그렇지만은 않다. 예컨대 명함에 사진을 넣을 때도 가족사진이나 어릴 적 사진, 혹은 수영이나 사이클 같이 자신의 취미를 보여주는 사진을 넣을 수 있다. 이러한 시도가 우습게 보일 수도 있지만 이런 작은 시도에서 창조와 차별화가 생긴다.

고객에게 자신의 이름을 알리기 위해 매일 거래처를 방문한다면 그저 얼굴만 보여줘서는 차별화가 안 된다. 필자가 아는 한 영업사원은 매일 아침 파란색 사과 한 개를 들고 고객을 방문하였다. 작은 변화지만 고객은 일주일 안에 파란색 사과와 당신을 연결해서 기억하게 될 것이다.

새롭게 뭔가를 구상하는 것만이 '창조적 실행'은 아니다.

'매일 3가지는 반드시 실천한다'는 원칙을 세운 영업사원을 만난 적이 있다. 그는 매일 아침 차 안에다 오늘의 실천 사항 3가지를 적은 메모지를 붙여 놓는다. 다른 건 몰라도 이 3가지는 오늘 안으로 꼭 끝낸다는 각오로 움직이는 것이다. 이는 새로운 것을 만든 것은 아니지만, 실행 자체를 창조적으로 한 사례이다.

제품 공부를 매일 하는 것도 창조적 실행이다. 제약영업은 타 영업과 달리 전문가를 상대하고 전문 기술을 요하는 약품을 다루는 직업이다 보니 공부할 게 많다. 그래서 아무리 작은 제약사 직원이라도 자신이 담당하고 있는 제품에 대하여 공부를 하고 있다.

그런데 영업을 하다 보면 항상 시간이 부족하다. 그래서 요약집을 만들어서 병원에서 대기 시간에 주요 용어라도 외우는 사람도 있다. 또는 제품이나 질환에 대하여 숙지하려고 할 때 고객이 가장 많이 하는 질문 위주로 공부하는 사람도 있다.

그 밖에도 고객을 스승이라고 생각하고 그에게서 부족한 점을 배우려는 사람도 있다. 이러한 모든 시도가 실은 '창조'다. 제약영업에 거창한 창조는 필요 없다. 하루하루의 작은 업무 속에서 작은 차이를 만들어내는 '실행의 창조', '실행의 차별화'가 필요할 뿐이다.

- 일상적으로 하는 일들을 곰곰이 생각해보자. 약간 변화를 줘도 고객에게 새롭게 다가갈 수 있으며 경쟁자와 나를 차별화할 수 있는 기회가 보일 것이다.
- 타 영업에서 벤치마킹해도 된다.
- 꼭 기억하자. '실행의 차별화'가 곧 당신의 경쟁력이다.

감성적 영업 Vs. 이성적 영업

영업에 첫발을 내딛거나 새로운 지역, 새로운 역할을 맡게 되면 항상 처음에는 의욕이 넘친다. 낯선 데 대한 두려움도 있지만 그래도 '잘해봐야지' 하는 각오가 더 많다. 의욕이 충만한 것은 매우 격려할 만한 일이다. 문제는 의욕이 지나쳐서 고객 파악이 제대로 되어 있지 않은데 고객에게 한꺼번에 많은 것을 전달하려고 한다는 것이다.

신입사원들이 흔히 저지르는 실수를 보자. 의욕이 앞선 그들은 회사에서 교육 받은 내용을 고객에게 서둘러 전한다고 많은 판촉물이나 브로슈어 같은 홍보물을 일방적으로 고객에게 전달한다. 또는 고객과 빠른 시일 내에 관계를 형성하려고 무리해서라도 아침 일찍 방문을 하거나, 늦은 시간에 깜짝 방문을 시도하기도 한다. 아니면 좋은 판촉물이나 간단한 커피와 다과라도 들고 가서 뭔가 서먹함을 해소하려 한다. 그러나 이는 소비자의 심리나 행동을 전혀 고려하지 않은 '명백한' 실수이다.

소비자 행동 분석과 같은 이론을 보면 고객이 행동을 변화하기까지는 여러 단계를 거친다. 처음에 소비자가 새로운 제품이나 사람을 접하게 되면 노출(exposure) → 인지(recognition) → 관심(interest) → 정보 탐색(search) → 분석(analyze) → 태도 변화(attitude) → 변화 의도(intention) → 행동(behave)의 단계를 거친다.

이를 제약영업에 적용해보면 다음과 같다. 고객은 처음 영업사원이 오면 별 관심이 없다. 수십 차례 방문하면 그 영업사원이 누구인지 알게 되고 어떠한 스타일인지 파악한다. 영업사원이 고객의 마음에 들면 서서히 태도를 우호적으로 바꾸게 되고 행동을 바꿀지 고민한다. 마지막은 고객이 제품 구매 등 행동을 변화하는 단계이다.

그렇다면 소비자 행동 단계별로 어떻게 영업해야 할까?

노출(exposure)부터 태도 변화(attitude)까지는 이성적(rational) 영업이 통한다. 데이터에 근거해 논리적으로 접근하면서 관계를 쌓는 것이다.

이러한 접근을 하려면 고객을 자주 방문하면서 지속적으로 정보를 전달하고 성실하게 약속을 이행하여야 하는 것은 물론이다. 이성적 영업으로 고객이 행동을 변화하기도 하지만 소위 대박은 좀체 일어나지 않는다.

변화 의도(intention)와 행동(behave) 단계에서는 감성적(emotional) 영업이 필요하다.

감성적 영업이라면 영업사원들은 흔히 아침 일찍 고객 방문하기, 야간에 댁으로 방문하기, 고객과의 식사와 음주, 고객이 좋아하는 선물 사기 등 누구나 쉽게 생각할 수 있는 방법을 이야기한다. 즉, 고객을 깜짝 놀라게 한다거나 본인이 열심히 하는 데 대하여 동정표를 얻는 게 감성적 영업이라고 생각하는 것이다.

그러나 이러한 방식의 감성적 영업은 과거의 방법일 뿐이며 잘한다 해도 효과 역시 단기적이다. 또 최근 접대에 대한 규제가 강화되면서 현실적으로도 어렵다. 그렇다면 대안은 무엇일까?

필자가 아는 한 여성 영업팀장은 자녀 교육 카운슬링을 해서 고객의 마음을 사로잡았다. 큰 대학병원을 담당하면서 여자로서 밤늦게까지 있을 수도 없고, 식사를 편히 할 수도 없는 상황이었다.

이를 극복하고 자신을 차별화하기 위해 마련한 대안이 바로 자녀 교육 카운슬링이었다. 그녀는 고객의 자녀에게 도움이 될 만한 자료를 인터넷이나 각종 매체에서 찾아서 제공하였다. 정말 돈 안 들이고 고객의 마음을 낚아챈 사례이다.

한 영업사원은 개원한 원장님에게 최신 개원의 동향이나 각종 경제 뉴스 등의 정보를 제공하였다. 이외에도 대기 중인 환자들의 대화를 듣고 병원 경영에 도움이 될 만한 정보를 지속적으로 전달하였다. 그래서 원장님들은 항상 이 영업사원이 오기만을 기다린단다.

이와 같이 감성적 영업을 하려면 자신을 각인시킬 수 있는 보다 차별화된 접근이 필요하다. 최근 여성 고객이 급속히 늘어나고 있는 점을 감안하면 앞으로 어떻게 감성적 영업을 해서 고객 감동을 이끌어낼지 고민을 해봐야 한다.

정리하면, 모든 고객은 현재 영업사원과의 관계에서 다양한 단계에 위치하고 있으며 각 단계별로 다양한 욕구를 갖고 있다. 이를 파악하면 각각의 고객에게 이성적 영업을 할지, 감성적 영업을 할지 알 수 있다.

특히 이때 고객의 특성에 맞는 '맞춤 영업'이 요구된다. 상당히 이성적인 고객인데 무작정 관계 중심의 감성적인 프로모션만 하는 실수를 범하지 말아야 한다. 물론 고객은 이성과 감성 두 가지 특성이 번갈아 가면서 태도나 행동으로 표출되기도 하고 한 가지 특성이 두드러지게 나타나기도 한다.

이성적인 고객도 마지막 행동 변화 단계에서는 감성적 영업에 좌지우지되는 경우가 많으므로 잘 새겨두기 바란다. 이성적 영업이든, 감성적 영업이든 지나치게 하나에 치우쳐서는 안 된다.

이제는 감성적 영업과 이성적 영업 사이에서 균형을 모색해보자.

- 내가 판촉하는 제품이 고객 입장에서 어느 단계에 있는지 확인해보자. 노출(exposure) → 인지(recognition) → 관심(interest) → 정보 탐색(search) → 분석(analyze) → 태도 변화(attitude) → 변화 의도(intention) → 행동(behave) 중에서 체크해보는 것이다.
- 고객을 다음 단계로 이동시키려면 감성적 영업과 이성적 영업을 조화시켜야 한다. 고객은 두 영업 방식에 따라 각각 다르게 반응한다.
- 제품 정보를 논리적으로 전달하는 이성적 영업만으로는 이른바 대박 고객은 만들 수 없다. 대박 고객은 마음과 마음 사이에서 탄생하는 법으로.

방문은 연속성이 중요하다

보통 고객과 한 번 만나는 시간은 1분에서 5분 사이이다. 업무 시간 외에도 점심, 저녁을 함께할 수도 있지만 대부분의 만남은 고객의 업무 시간 중에 이뤄진다. 주어지는 시간은 길어야 5분이다. 이때 준비 없이 만나면 날씨, 취미, 경제 이야기나 그저 사는 이야기만 하다가 정작 업무적으로 해야 할 이야기는 꺼내지도 못하고 돌아서게 된다.

특히 신입사원은 소위 아이스 브레이킹(Ice Breaking)으로 거의 30초 이상을 쓴다. 결국 일상적인 이야기를 하다가 정작 알려야 할 제품 정보는 간단한 메시지 하나만 남기고 만다.

어떻게 하면 할 말을 하면서 고객과의 대화를 주도해나갈 수 있을까?

우선 처음부터 제품 이야기로 대화를 시작하라. 그래야 짧은 시간 내에 효과를 거둘 수 있으며 제품 이야기로 대화를 마무리할 수 있다.

단, 신입사원은 최소한 3회 정도는 고객 방문을 한 후 이런 식으로 대화하는 것이 좋다. 3회 방문 시까지는 주로 고객에게 질문을 하면서 고객의 욕구나 행동 패턴, 자사 및 제품에 대한 태도 등을 파악하는 데 집중하라.

방문은 또한 '연속성'이 중요하다. 방문할 때마다 이야기가 끊기면 고객과는 형식적인 관계로 그치고 만다. 이를 피하려면 고객 방문을 마치고 나서 전달한 사항, 대화 내용을 꼼꼼히 기록하고 다시 방문하기에 앞서 어떠한 메시지를 전달하지 계획을 세워야 한다. 이렇게 하면 방문에 연속성이 담보되고, 동시에 고객과의 진행 상황까지 파악해가며 자신의 목표치와 비교해볼 수 있다.

방문의 연속성을 확보하기 위한 팁이 한 가지 더 있다. 바로 다음 방문에 대한 약속을 하는 것이다. "다음번에는 무엇을 가지고 오겠습니다", "다음에 올 때는 이 부분에 대해서 말씀 드리겠습니다" 등 사전 공지를 하거나 사전 동의를 받아놓으면 항상 고객과 일관되게 대화를 나눌 수 있다. 이는 고객이 자신의 목표대로 움직이도록 하는 유용한 노하우이다.

- 영업사원에게 주어지는 시간은 1분에서 5분이 전부이다. 따라서 고객과 만나기 전에 미리미리 준비를 해두어야 한다.
- 고객 정보도 파악하고 어느 정도 신뢰가 쌓였다면 자신이 원하는 바를 먼저 전달할 수 있어야 한다.
- 자신이 원하는 바대로 고객의 태도를 바꾸려면 방문의 연속성은 필수다. 고객별 방문 내용을 기록하면 방문의 맥이 끊기지 않을 것이다.

집요하게 물고 늘어져라

필자가 영업 회의를 할 때 소개하는 이야기가 있다. 바로 사자와 가젤의 이야기이다.『마시멜로 이야기』(호아킴 데 포사다 저)라는 책을 보면 중간쯤에 나온다.

아프리카에서는 매일 아침 가젤이 잠에서 깬다. 가젤은 가장 빠른 사자보다 더 빨리 달리지 않으면 죽는다는 사실을 알고 있다. 그래서 그는 자신의 온 힘을 다해 달린다. 아프리카에서는 매일 아침 사자가 잠에서 깬다.

사자는 가젤을 앞지르지 못하면 굶어 죽는다는 사실을 알고 있다. 그래서 그는 자신의 온 힘을 다해 다린다. 내가 사자든, 가젤이든 마찬가지다. 해가 떠오르면 달려야 한다.

책에서 주인공은 위 글귀가 적힌 쪽지를 항상 지갑에 넣고 다니면서 하루를 시작할 때 또는 어려울 때마다 펴보곤 한다.

제약영업의 세계도 마찬가지라고 생각했다. 매일 정해진 고객을 놓고 많은 영업사원들이 서로 그 고객을 차지하기 위해 달리고 있으니 말이다.

그런데 한 번 사자가 가젤을 잡는 장면을 떠올려보자. 단지 가젤을 잡았다고 끝일까. 아니다. 집요하게 가젤을 물고 늘어져서 가젤이 쓰러져야 마침내 그것을 먹을 수 있다. 영업사원도 마찬가지다. 일단 고객에게서 기회를 포착하면 반드시 끝까지 물고 늘어져야 한다.

주변에는 아침부터 서둘러서 부지런히 현장을 다니는 친구들이 많다. 그러나 정작 하루가 끝날 때쯤 보면 '빈털터리'로 돌아오는 때가 많다. 물론 본인은 "난 열심히 일했고 여러 고객을 만났다"고 한다.

그냥 한 번 찔러보자는 식으로 고객을 대해선 안 된다. 재차 강조하지만 고객은 많은 영업사원을 만난다. 내가 오기만을 기다리고 있지 않다. 또 새로운 정보 전달이나 제품 소개에 처음부터 호의적이지는 않다. 오히려 영업사원이 전달하는 내용에 대하여 하나하나 문제점을 짚어내면서 돌려보내시는 분도 많다.

그런데 가만히 애기를 옆에서 듣다 보면 관심은 있는데 이를 역설적으로 표현하는 경우도 꽤 있다. 그런데도 그냥 '내 이야기에 우호적이지 않구나' 하고 되레 설득을 당해서 되돌아가는 것이다. 이러한 실수를 하지 않으려면 고객이 보여준 작은 표현이나 관심의 의도를 빨리 알아채 그에 맞는 전략을 실행해야 한다.

필자는 고객들로부터 "한 영업사원이 마음에 들어서 다음에 오면 그때부터 잘해보려 했는데 그 후로는 오질 않는다"는 말을 자주 듣는다. 모든 나무가 열 번 찍는다고 넘어가는 것은 아니다. 때론 11번, 12번 찍어야 한다.

열 번까지 찍고 안 된다고 결론 내린 채 그동안의 수고와 노력의 가치를 고스란히 잃는 실수는 하지 말자.

- 고객은 나를 기다리고 있지 않다. 그리고 내가 전달한 내용만을 기억하지도 않는다.
- 새로운 정보나 제품 소개는 누구나 쉽게 받아들이려 하지 않는다. 그러니 열 번 찍어 안 넘어 간다고 포기하지 말고 11번, 12번 찍을 것을 염두에 두어라.
- 강한 부정은 긍정의 역설적 표현일 수 있으니 늘 고객의 반응에 촉각을 곤두세워라.

삼시 세끼 챙기듯 목표를 점검하라

연말이 되면 한 해의 결산 보고를 한다. 물론 이제는 분기별로도 영업 성과를 발표하는 것이 일반화되었다. 그런데 연간 목표든 분기 목표든 매달 목표가 달성되지 않으면 성취해내기 어렵다. 타 영업도 마찬가지지만 제약영업은 그래서 월간 목표를 잡고 이를 달성하는 과정이 필수적이다.

여기서 목표란 단순히 수치만을 뜻하지 않는다. 실적은 물론 누구를 만날지, 누구부터 만날지, 누구에게서 세일즈를 증가시킬지 등을 담아야 한다. 또한 무엇을 가지고 고객을 만날지, 어떤 것부터 진행할지, 어떤 프로그램을 얼마나 진행할지 구체적이어야 한다. 디테일링을 할 때는 무엇부터 전달할지 목표를 세워야 한다. 이렇게 촘촘하게 목표를 세우면 결과는 확연히 달라진다.

물론 매달 이렇게 디테일하게 목표를 짜기란 쉽지 않다. 그러나 처음이 어렵지 한 번 만들어두면 업데이트만 하면 된다. 가능하면 전월 말경에 준비하는 것이 좋다. 준비한 목표를 하나씩 실천할 때마다 '실행했음'이라는 표시를 해두면 자신이 일을 어떻게 진행하고 있는지 쉽게 확인할 수 있다.

중순에는 반드시 중간 점검을 해야 한다. 15일에는 모든 목표의 달성률이 어느 정도인지 파악해야 어디서 속도를 내야 할지 체크할 수 있다. 가능하다면 엑셀을 이용해서 고객별로 월별 활동과 세일즈 목표, 전달 메시지 등을 기록한 후 프린트해서 갖고 다닐 것을 권한다.

이 정도 내용이면 A4 한 장에 다 들어간다. 엑셀 파일에 15일까지 실행한 것을 검게 칠해보라. 그러면 남은 보름간의 상황을 짐작해볼 수 있다. 이게 습관이 되면 얼마나 효율적인지 체감하게 될 것이다.

목표치는 어떻게 잡아야 할까? 수치로 나타낸 목표든, 고객의 태도나 행동 변화에 대한 목표든 자신이 달성 가능하다고 생각하는 것보다 최소 10%는 높게 잡아야 한다. 쉽게 달성되도록 목표를 잡다 보면 더 할 수 있었던 일을 놓친다. 너무 높게 잡아도 문제다. 목표를 좇아 실행을 하다 보면 수차례 시행착오를 겪게 되는데 목표와 너무 멀어지면 지레 좌절하게 된다.

제약영업계의 대선배들은 이구동성으로 매월 그 달의 목표를 예상하면 대부분 그대로 달성된다고 한다. 특히 일 잘하는 상위 10%는 매월 자신의 목표를 초과 달성하려는 의지를 보이는데 보통 130%까지 추가적으로 도전하는 것을 많이 보았다. 130%의 90%만 달성해도 117%까지 초과 달성한다는 이치를 깨달았기 때문이다.

영업노트

- 영업사원에게는 매달 매달이 새롭게 주어진다. 이때 구체적인 월별 목표를 세우면 동기 부여가 된다.
- 영업 목표는 수치뿐 아니라 자신의 영업 활동과 고객별 태도 및 행동 변화에 대한 것까지 세부적으로 작성해야 실행력이 강해진다.
- 매월 15일에는 중간 점검을 꼭 하자. 그래야 나머지 15일 동안 무엇을 채워야 할지 확인할 수 있다.
- 목표는 자신의 한계를 한 단계 뛰어넘도록 잡자. 그래야 행동이 바뀐다.

원하는 것을 말하라

국내 제약사에서 영업을 하던 후배가 있었다. 그 친구는 이 바닥에서 날고 긴다는 축에 속했는데, 어느 날인가 보험사로 이직했다. 하루는 그 친구 사무실에 들렀는데 입구에 녀석의 사진이 떡 하니 걸려 있었다. 보험업계에서도 '날리는' 영업을 한 모양이다. 비결이 궁금해 "어쩜 그렇게 영업을 잘하냐"고 물어보았다. 돌아온 답은 싱거울 만큼 쉬웠다.

"저는 항상 고객을 만날 때마다 제가 원하는 걸 반드시 말해야 그 자리를 나옵니다."

주문서를 꺼내든, 처방을 부탁하든, 계약서를 내보이든 의사 표시를 꼭 했단다. 고객 방문 시 제품 및 상황을 설명하고 나서 보통 고객이 다음 기회로 결론을 미루려고 할 때마다 자신의 의사를 명확히 보여주었던 것이다.

아마 이 친구는 대부분 실패로 끝나고 만다는 그 짝사랑도 성공시켰을 것이다. 분명 프러포즈를 했을 것이기 때문이다. 고객을 만났다고 해서 일이 잘 풀리지는 않는다. 고객에게 무엇을 원하는지 정확하게 이야기해야 고객도 당신을 도와줄지 말지를 결정한다.

현장에서 직원들과 동행 방문을 해보면 이 같은 '클로징(closing)'이 제일 약했다. 고객에게 원하는 바를 직접적으로 얘기하는 것을 두려워하는 것이다. 후배의 이야기를 들어보면 '얘기를 하느냐, 안 하느냐'가 성공률에 큰 차이를 만들어낸다.

또한 성공하는 영업사원들의 행동 패턴을 보았더니 그들은 고객에게 그냥 전달하는 차원이 아니라 과감하게 표현을 하였다. 필자는 'If you never do anything bold, you will never get what you want'라는 말을 수첩에 적어놓고 다닌다. 과감한 선택을 하지 않으면 평범한 결과를 기대할 수밖에 없다. 진정으로 원하는 것을 이루려면 늘 용단이 필요하다.

그러면 제약영업에서 무엇이 '과감한' 표현인가?

영업 현장에서 고객에게 원하는 것이 10이면 그대로 10을 요청하는 영업사원이 있고, 더 보태서 15를 요청하는 영업사원이 있다. 둘의 결과는 어떠한 차이를 보일까? 10을 요구하면 보통 8이나 9의 결과가 나온다. 반면 15를 요청하면 12 내지 13의 결과를 얻을 때가 많다. 제품 설명회에도 이를 적용할 수 있다. 매번 10명이 모이는 행사를 진행해왔다면 이번에는 50명을 모으는 데 도전해보라. 다른 영업사원들이 미처 생각하지 못했던 것에 대하여 과감한 결단을 내리면 그만큼의 결과가 돌아온다.

물론 '과감한 결단(bold decision)'을 하기란 참 어렵다. 하지만 어렵기 때문에 그에 따른 결과도 확연히 다르다. 필자 스스로도 이 점은 늘 반성을 한다.

'난 오늘 안전한 선택을 하였는가, 과감한 결단을 하였는가.'

- 현대그룹의 故 정주영 회장은 "당신 이거 해보기나 했어?"라는 말을 자주 썼다고 한다. 이 말은 해본 것과 안 해본 것의 차이는 매우 커서 이를 보고 결과를 알 수 있다는 의미일 것이다. 만약 아무것도 해보지 않았다면 그저 불투명한 예측만 할 수 있을 뿐이다. 그러니 고객에게는 꼭 자신이 원하는 바를 말하라.
- 고객에게 자신이 원하는 바를 요청할 때는 '과감하게' 표현하라. 고객은 처음엔 당신의 자신감에 놀랄 수 있다. 하지만 곧 그 자신감에 대한 보상을 해준다. 이것이 '클로징(closing)의 기술'이다.

도우미는 많을수록 좋다

결론부터 말하면 고객의 도움을 받으면 더 효율적으로 일할 수 있다. 제약영업을 하다 보면 고객 모두가 나를 좋아하거나 신뢰하지는 않지만 평균적으로 만나는 약 80여 명의 고객 중 나와 코드가 맞는 고객이 꼭 있다. 종종 이 중 몇몇과는 매우 가까워질 수 있는 기회가 생긴다. 이분들은 영업사원에게 훌륭한 지원군이 될 수 있다.

우리가 만나는 고객은 전문가 집단인 만큼 '끼리끼리 문화'가 강해서 한 다리만 건너면 누가 누군지 다 알고 있다. 특히 한 지역 내에서는 고객들 간에 서로 동지이자 경쟁자라서 서로 더욱 잘 알고 지낸다. 우리는 이러한 고객 집단을 통해서 고급 정보를 얻을 수 있고, 신규 거래처를 확보하는 등 비즈니스를 더 확장할 수 있다.

모든 고객에게 "소개 좀 시켜 주십시오", "그 정보 좀 알 수 없나요?"라고 할 수는 없다. 하지만 신뢰 관계가 형성된 고객에게는 자신 있게, 그리고 과감하게 원하는 바를 요청할 수 있어야 한다.

더욱이 만나는 것 자체가 까다롭거나 자사의 제품에 매우 배타적인 고객이 있다면 이미 신뢰 관계가 구축된 고객의 도움을 받는 것이 가장 좋다. 신뢰가 있는 고객과 까다로운 고객 간에 자연스러운 만남을 만들어서 하나씩 문제를 풀어나가는 것은 매우 효과적이다.

이는 바로 상위 10% 영업사원의 노하우이다. 그들은 자신을 도와주는 (밀어주는) 고객이 10명 이상 된다. 이 10명의 고객은 영업사원을 다른 고객에게 연결해주려고 노력을 하기도 한다.

고객만 나를 도울 수 있을까?

흔히 영업이라고 하면 외부 고객만을 떠올리지만 내부 고객, 즉 영업팀장, 본부장, 이사뿐 아니라 마케팅, 메디컬, 홍보, 구매 부서 등 모든 부서의 직원도 고객이다. 이들도 훌륭한 도우미가 되어줄 수 있다.

우선 팀장을 활용하면 더 큰 성과를, 더 빠른 시일 내에 달성할 수 있다. 팀장은 당신이 시장을 개척할 때 그 누구보다 중요한 사람이다. 팀장은 내부 고객 중 첫손에 꼽힌다. 팀장은 전장의 후방에서 아낌없는 지원을 해주고, 본사와의 커뮤니케이션 통로 역할을 한다.

주체적으로 영업을 잘하는 것은 아주 중요하다. 하지만 자신이 하는 일에 대해서 인정받는 것도 중요하다. 상부에서 나를 인정할 수 있도록 해주는 커뮤니케이션 채널의 중심에는 항상 팀장이 있다. 그러니 일단 팀장에게 인정받는 것이 우선이다.

나를 관리하고 지원하는 팀장을 먼저 내 편으로 만들지 못하면 혼자 아무리 열심히 일해도 결과물을 만들어내는 데는 한계가 있다. 팀장과 관계가 매끄럽지 않으면 팀장이 일일이 태클을 걸어와 일에 집중할 수 없기도 하다.

영업본부장이나 이사 등 간부들도 현장으로 자꾸 모셔야 한다. 단, 초청할 때는 충분히 준비를 해서 평소 해결이 어려웠던 사안에 대하여 사전에 교감을 해야 한다. 또 마케팅 부서를 현장으로 불러내는 등 주변의 힘을 이용할 줄 아는 영업사원이 현장에서 더 많은 승수를 쌓는다.

이외에도 메디컬부, 교육부(이 같은 부서가 없는 작은 조직은 사장이라도 상관없다)도 한 지역의 소사장인 나를 위해 대기하고 있는 사람들이라고 생각하면 된다.

도우미에게 지원을 받으려면 그들을 설득시켜야 한다. 이때는 마치 중소기업 사장이 은행에 가서 왜 우리 기업에 투자해야 하는지 브리핑하는 것처럼 하라. 그러려면 왜 그분들이 내가 맡고 있는 시장에 방문해야 하는지 충분히 준비를 해야 한다.

주위에는 당신을 도울 사람이 많다. 눈치 보거나 두려워 말고 주변을 활용하라!

- 도우미는 바로 내부와 외부의 고객이다. 특히 외부 고객은 나에게 다양한 정보를 줄 수 있다. 또 내가 어려워하는 고객에게 다가갈 수 있는 다리 역할도 맡아줄 수 있다.
- 내부 고객 중 팀장은 나와 회사를 연결해주는 가장 중요한 커뮤니케이션 채널이다. 팀장을 110% 활용해보라.
- 그 밖의 내부 고객들도 내가 준비한 만큼 나를 도와줄 준비가 되어 있다. 기다리지 말고 찾아가서 나의 시장으로 모셔오라. 혼자서 수차례 방문한 것보다 더 큰 효과를 거둘 수 있다.

경쟁자를 알아야 한다

하루에 우리는 몇 명의 고객을 만날까? 적게는 10명, 많게는 20명이다. 그렇다면 역지사지해보자. 고객의 사정은 어떨까?

고객은 늘 누군가를 만나는 것이 피곤할 수 있다. 그들은 매일 아침 업무를 시작하면 하루 종일 수십 명이 넘는 환자를 만나야 한다. 게다가 우리 같은 제약영업사원까지 줄기차게 방문한다. 워낙 만나는 사람이 많다 보니 영업사원이 왔다 갔는지도 모르는 경우도 허다하다.

상황이 이럴진대 방문해서 일상적인 이야기만을 늘어놓거나 특별한 인상을 주지 못하면 고객은 누가 왔는지, 무슨 이야기를 나누었는지 금방 잊어버리고 만다. 따라서 제약영업사원은 고객의 마음속에 본인만 존재하지 않는다는 점을 알아야 한다.

고객을 만날 때 '나에게만큼은 특별히 대해주겠지' 생각하면 오산이다. 더군다나 여러 경쟁사가 모두들 만나기를 원하는 '거물급 고객'은 더욱더 이러한 오해를 해선 안 된다. 거물급 고객에게는 당연히 환자도 많고 경쟁자도 많다. 특히 경쟁사 영원사원들 모두 그 고객이 큰 기회라고 보기 때문에 고객과 나보다 더 돈독한 관계를 맺으려고 하거나 이미 돈독해 있을 수 있다.

이 같은 치열한 경쟁 속에서 어떻게 고객의 마음속에 나의 위치를 확고히 점할 것인가? 더 나아가 그 고객이 나를 기다리도록 만들 것인가?

최우선으로 해야 할 일은 내가 없는 사이에 나의 고객을 만나는 경쟁자가 누군지 알아내는 것이다. 일전에 한 대학병원 교수님께 가장 기억에 남는 영업사원이 누구인지 여쭤본 적이 있다. 한 직원을 아주 쉽게 떠올리셨다.

과연 그 직원은 어떻게 그 교수님의 마음을 사로잡았을까?

마케팅 이론 중 소비자의 브랜드 인지도에 대한 이론을 살펴보자. 소비자는 하나의 제품에 대하여 6가지 브랜드를 기억하고, 구매할 때는 상위 3개의 브랜드 사이에서 고민한다고 한다.

영업자라면 자신이라는 브랜드가 고객 마음속에서 몇 위에 랭크되어 있는지 고민을 시작해봐야 한다. 만약 상위 3위 안에 든다면 앞으로의 실적은 두말할 나위 없이 좋을 것이다.

물론 모든 고객에게 자신을 상위 3위 내로 자리매김하는 것은 거의 불

가능하다. 영업에서 성공을 거두려면 자신이 관리하는 고객 중 상위 20%의 마음속에서 3위 안에 들면 된다.

그렇다면 나의 위치가 어느 정도인지는 어떻게 파악할까?

우선 경쟁자가 누구인지 잘 살펴봐야 하는데, 몇 가지 어려운 점이 있다. 경쟁자는 보기가 쉽지 않다. 나와는 다른 시간에 고객을 만나기 때문이다. 또 나의 고객과 가까운 영업사원은 때로는 전화로 사전 약속을 하고 나와는 전혀 다른 시간대에 고객을 만나기도 한다. 더구나 고객의 근무지가 아니라 외부에서 점심시간 등을 이용해 따로 만나면 경쟁자가 누구인지조차 파악하기 어렵다.

하지만 요령 있게 생각해보면 해답을 구할 수 있다. 바로 고객 주변에 근무하는 사람에게서 경쟁자에 관한 정보를 얻어내는 것이다. 또는 그 고객과 오랫동안 관계를 맺어왔던 담당자 한 명만 찾으면 경쟁자가 누구인지 알아낼 수 있다.

이렇게 해서 경쟁자가 파악됐다면 우선 고객이 경쟁자의 어떤 면을 좋아하고 신뢰해서 지속적으로 관계를 유지하는지 알아내야 한다. 또 경쟁자가 고객의 어떤 가려운 구석을, 어떻게 긁어 주었기에 나와는 차별화된 관계를 맺게 됐는지 면밀히 분석한 후 대응책을 모색하여야 한다.

이때 한 가지 원칙이 있다. 강력하게 고객의 마음을 사로잡고 있는 경쟁사 영업사원과는 다른 방식으로 접근해야 한다는 것이다. 고객은 한 가지 욕구만 갖고 있지 않다. 고객이 가진 다양한 욕구 중 경쟁자가 미처 충족시켜주지 못한 것을 찾아내면 된다. 이때 '선택과 포기의 전략'이 필요하다. 경쟁자와 매우 가까운 고객이라면 선택할지 포기할지 심사숙고해야 한다.

이미 강하게 형성된 관계를 비집고 들어갈 생각은 버려야 한다는 것이다.

특히 신입사원이 한 지역이나 병원을 맡게 되면 이미 기존에 자리를 잡고 있는 수많은 경쟁사 영업사원을 보게 된다. 그중 자신이 담당하게 될 고객과 이미 오랫동안 비즈니스를 통한 인간관계가 형성된 경쟁사 영업사원들은, 고객과 상당한 수준의 신뢰 관계를 형성하고 있기 때문에 그 사이를 비집고 들어가기가 어렵다. 이렇게 끈끈한 관계를 뚫고 들어가려면 너무나 많은 노력을 해야 하는 것이다.

실제로 이러한 상황에 부닥쳐 담당하는 기간 동안 고객에게 얼굴 한 번 비추지도 못하고 끝나는 경우도 있다. 또 아무리 노력해도 오히려 고객과의 거리만 더 멀어지는 때도 많은데 이 같은 이유로 제약영업을 포기하는 사람도 있다.

그렇다면 경쟁사가 확고히 터를 잡고 있는 곳에서는 영업을 포기해야만 하는가?

아니다. 다른 고객을 찾아서 시장성을 높이고 관계를 탄탄히 만들면 된다. 특히 의원이나 약국을 담당하는 영업사원은 상대적으로 다른 고객을 찾아 나서기가 쉽다. 담당자가 한 지역에 있는 모든 의원과 약국을 맡지는 않기 때문이다. 그래서 그동안 회사와 관계가 소홀했거나 방문이 적었던 곳을 찾아서 새로운 비즈니스 관계를 만들 수 있다. 물론 초기에는 어느 정도 노력이 필요하나 오히려 자사 또는 경쟁사들이 외면한 곳에서 기대 이상의 영업이 이뤄지는 경우가 상당히 많다.

반면 종합병원이나 대학병원을 담당하는 영업사원의 경우 고객 한 명한 명이 차지하는 비중이 워낙 크기 때문에 다른 고객을 찾아나서는 것이 쉽지 않다. 그렇다고 경쟁사 영업사원이 내 지역의 고객과 탄탄한 비즈니스 관계를 구축한 상황을 한탄만 하며 바라볼 수만은 없는 법!

이런 상황이더라도 시각을 조금만 바꾸면 기회가 보인다. 경쟁사 영업사원이 큰 병원의 모든 고객을 선점할 수는 없다. 그들도 한두 명과 아주 깊은 신뢰 관계를 맺고 있는 것이지 모두를 만족시키지는 못한다.

고객은 매우 다양하기 때문에 영업자가 모든 고객의 선호도를 맞출 수는 없는 법이다. 바로 이것이 기회다. 지금 경쟁사 영업사원이 고객과 매우 친밀하고 비즈니스 관계도 탄탄하다면 우선 그 고객의 주변을 살펴보라. 그러면 거기에 소외되었거나 혹은 경쟁사 담당자를 비판하고 있는 다른 고객이 있을 수 있다. 그분을 나의 고객으로 만들면 오히려 그분이 이미 경쟁사가 선점한 고객을 만날 수 있는 기회를 제공해주기도 한다.

다시 강조하지만 모든 프로그램을 다 잘할 수 없고 모든 분야에서 1등을 할 수 없듯이, 모든 고객을 내 사람으로 만들 수는 없다. 그러므로 어떠한 고객에게 승부를 걸지 신중하게 판단해야 한다.

- 지금 영업하고 있는 현장에서 몇 명의 영업사원이 나와 경쟁하고 있는지 먼저 파악하라. 경쟁자들의 영업 방식에 대한 정보를 수집하고, 고객과의 관계가 어떤지 알아내야 한다.
- 경쟁자와 똑같은 방식으로 승부를 하려면 3배 이상의 노력이 든다. 성(castle)을 공략하려면 지키는 사람보다 많은 인원을 동원하여야 하는 법이다. 만약 자신에게 경쟁자를 능가할 3배 이상의 자원이 없다면 경쟁자가 하지 않았거나 놓쳤던 방식으로 고객에게 접근하라.

오늘에 충실하고 내일을 준비하라

페이스 조절은 필수다

최근 입사한 지 1년밖에 안 된 영업사원이 갑자기 사표를 냈다. 그가 급하게 그만두려 한 가장 큰 이유는 바로 '오버 페이스(over pace)'였다. 마라톤을 뛰는데 총성을 듣자마자 너무 빨리 달린 것이다.

물론 그는 자신감이 있었다. '나는 남보다 성공해야 한다'는 욕심도 컸다. 그래서 의욕도 투지도 넘쳤다. 또 초반에는 정말 잘했다. 자기 시간까지 희생하면서 영업을 했다. 주말도 없이 일하고, 밤에도 단 한 명의 고객이라도 더 만나려고 돌아다녔다. 새벽같이 일어나서는 고객이 나오기 전에 도착해서 감동을 주려고 숱하게 노력도 하였다. 그런데 정작 세일즈 결과는 자신이 생각한 만큼 나와 주지를 않았다.

일부 고객은 그의 노력에 아랑곳하지 않고 오히려 팀장에게 담당자를 바꿔달라는 소리를 했다. "너무 부담 된다"면서 말이다. 또 "열심히 하는 건 인정하는데 편안하게 찾아오는 영업사원이 더 좋다"고 말했다.

이 같은 상황이 동시에 닥치면서 그는 견딜 수 없을 만큼 스트레스를 받았고, 자신의 노력이 결과로 나타나지 않자 크게 실망하였다.

타 영업도 그렇겠지만 제약영업은 하루아침에 모든 것이 바뀌지 않는다. 제약산업 자체가 환자의 건강과 생명을 다루는 것이라서 쉽게 바뀌었다가는 큰일이 날 수도 있다. 그만큼 고객은 약에 대한 확신이 필요하다.

또 제품을 바꾸려면 기존 영업사원과의 관계도 청산해야 한다. 일정한 수순을 따르는 절차가 필요한 것이다. 보험이나 자동차는 새로운 것을 구매하는 차원이지만 제약영업은 그렇지 않다. 그러니 영업하는 데 시간이 더 걸리는 것은 당연지사이다. 때문에 기다리는 법을 알아야 한다.

잠깐의 고객 감동으로는 성과를 낼 수 없다는 사실도 받아들여야 한다. 그만큼 제약영업은 속도 조절이 필수다. 상위 10% 영업사원은 이러한 '페이스 조절'을 할 줄 안다.

5개월차 영업사원의 이야기를 보자. 그는 누구나 알 만한 좋은 고등학교와 대학교를 나왔고 면접 때부터 똑 부러지게 의견을 펼쳐서 열정 하나는 누가 봐도 금방 알아볼 수 있었다.

처음 보았을 때는 설익은 열정만 갖고 있지 않나 생각했는데 일을 시작하고 보니 사원인데도 간부처럼 생각하고 일하는 등 자신이 맡은 시장에 대하여 주체성을 갖고 움직이는 것이다.

또한 스스로가 자신을 워커홀릭이라고 할 정도로 3~4시간밖에 잠을 못자는 날도 많다. 영업사원이 무슨 고민을 그렇게 해서 잠을 못 자나 했더니, 어떻게 하면 고객을 내 사람으로 만들지 고민하다가 늦게 잠든다고 한다.

잠이 부족한데도 매일 아침 일찍 거래처에 가장 먼저 간다. 더구나 평일에만 거래처를 방문하는 것으로는 충분하지 않다면서 근무가 없는 토요일에도 고객을 만나러 현장에 나간다.

그런 친구가 입사한 지 5개월 후 처음으로 분기별 영업 실적을 보고 엉엉 울었다. 달성률 94%. 목표를 워낙 높게 잡다 보니 100% 달성한 사람은 1명뿐이었고, 달성률 94%면 다른 직원보다 나은, 즉 평균 이상인데도 펑펑 우는 것이다. 자기는 100점만 받으면서 살아와서 94라는 점수에 너무 실망했다면서 말이다.

다음에는 반드시 100%를 달성하겠다고 울면서 각오를 다지는 모습을 보면서 어찌나 기특했던지.

그런데 영업을 오래 하신 선배들은 이런 친구들이 빨리 지칠 수 있다고 조언을 하신다. 그렇다. 영업을 잘하려면 페이스 조절을 잘해야 한다. 에너지가 소진(burn out)되지 않도록, 에너지를 자가 발전할 수 있도록 자기 관리를 하여야 한다.

결과가 예상한 것보다 늦게 나올 것 같으면 오히려 속도를 줄여가면서 주변을 살펴보자. 동료들은 어떠한 방식으로 움직이는지, 선배들은 지금 무엇을 하고 있는지 둘러보면서 자기 자신을 돌아보는 것이다.

차를 빨리 운전할 때는 창밖의 풍경이 시야에 잘 안 들어온다. 하지만 잠시 브레이크를 밟거나 속도를 늦추면 주변이 눈에 들어오기 시작한다. 급변하는 시장과 영업 현장에서 가끔은 브레이크를 밟을 줄도 알아야 한다. 그래야 자신이 어디쯤에 와 있는지 판단할 수 있다.

위에서 소개했던 각오가 남달랐던 친구는 결국 100% 달성의 맛을 한 번 보더니 지금은 탄력을 받아 더 열심히 현장에서 뛰고 있다. 앞으로 페이스 조절을 잘해서 열정적인 에너지를 항상 유지하기를 바란다.

- 제약영업은 자신과의 긴 싸움이다. 근무 시간은 8시간이지만 고객과 대면하는 시간은 1시간도 채 안 된다. 나머지 7시간은 혼자서 보내야 하며 여러 가지 어려운 상황이 발생하더라도 스스로 판단해야 한다.
- 자신을 이겨내려면 늘 페이스 조절을 잘해야 한다. 일하는 속도도 균형을 잡아야 하고, 고객의 반응에도 일희일비해선 안 된다. 결국 기다릴 줄 아는 사람이 승리하는 법이다.

마라토너 Vs. 스프린터

당신은 영업에 발을 들여놓은 이상 영업의 세계에 자신을 푹 담가야 한다. 영업을 하면서 많은 경험을 하고 또 많은 기회를 포착하게 된다. 기회를 모두 내 것으로 누리려면 지쳐선 안 된다. 체력은 필수다.

영업은 사람과 사람 간의 관계가 근본인 비즈니스이므로 실질적인 결과를 얻어내기까지는 시간이 많이 든다. 그래서 끈기를 갖는 것이 중요하다. 끈기 역시 체력이 바탕이 되어야 생긴다.

체력을 갖추려면 휴식할 줄 알아야 한다. 영업이 마라톤 같다고 해서 마라토너처럼 일해선 안 된다. 마라토너처럼 일하면 골인 지점에서는 완전히 지쳐서 쓰러지고 만다. 다시 뛰기까지는 회복 시간도 많이 필요하다. 하지만 100미터 달리기 선수는 또 100미터를 달릴 수 있다.

제약영업을 잘하려면 마라토너보다는 스프린터처럼 일해라. 고객은 항상 당신을 기다려주지 않는다. 경쟁자들도 내가 없는 빈틈을 노리고 있는데 긴 회복 시간을 가질 수는 없다. 스프린터처럼 일하되 충분한 휴식을 취해라. 재충전으로 힘을 비축해 다시 달리는 것이다.

제약영업은 집중을 요하는 일이 많은 직업이다. 그래서 충분한 휴식을 취해야 한다. 4일간 몰입해서 일했다면 나머지 하루 중 반나절은 서류 작업, 반나절은 미래를 위하여 기회 요인을 파악하거나 체력을 비축하는 데 투자하면 좋다.

스프린터처럼 일하려면 일하는 동안만큼은 집중해야 한다. 온 힘을 다해 순간을 달리는 스프린터처럼. 잠깐 쉴 때도 무턱대고 쉬지 말고 목표 지점을 향해 달리는 와중에 쉬고 있다는 것을 상기하여야 한다. 자칫하면 토끼와 거북이의 우화에 나오듯 지나치게 여유를 부리다 낙오하는 수가 있다.

스프린터처럼 일한다고 매년 우수 영업사원이 될 수는 없겠지만 우선 한 해쯤은 꼭 우수 영업사원이 돼보라. 가끔 몇 년 연속 1등 했다는 소리를 듣기는 하지만 이는 아주 특별한 극소수의 이야기일 뿐이다. 대부분은 실적이 들쭉날쭉한다. 성공과 실패를 반복하는 것이 일반적인 패턴이다.

제약영업을 하다 보면 일이 잘 풀리는 해가 한 번은 꼭 찾아온다. 이때는 100미터를 전력 질주하듯이 일해야 한다. 꼭 그 해의 우수 영업사원이 아니어도 좋다. 분기나 이 달만이라도 1등을 해보자. 성공도 해본 사람이 계속하는 법이다.

어렵다고만 여기지 말자. 집중하면 누구나 1등을 할 수 있다.

영업노트

- 마라토너는 회복 시간이 너무 길다. 스프린터처럼 영업을 해야 바로 다음 단계를 준비할 수 있다.
- 특히 제약영업에서는 스프린터처럼 순간 집중력을 발휘하는 사람이 더 성공 확률이 높다.
- 스프린터처럼 일할 때는 '일과 삶의 균형(work & life balance)'은 잠시 잊어버려야 한다. 그래야 성공할 수 있다.

Energy for performance

필자는 자기계발 교육 프로그램에 많이 참여해보았다. 그중 가장 기억에 남는 교육 프로그램이 있었는데 제목이 'Energy for performance'였다. 교육 내용을 요약하면 영업을 할 때 에너지가 고갈되면 결코 성과를 거둘 수 없다는 것이다.

전날 술 먹고 힘이 빠진 상태로 학교에서 수업을 들었던 때를 떠올려 보자. 집중도가 떨어지게 마련이다. 긴 휴가를 마치고 회사에 복귀해도 일이 손에 잘 잡히지 않는다. 반대로 아침에 출근할 때 컨디션이 좋으면 하루 종일 선순환이 이뤄진다. 누군가와 대화를 할 때도 웃는 얼굴로 상대를 대하고 말에도 자신감이 넘친다. 이처럼 우리의 일상사는 에너지 관리를 어떻게 하느냐에 따라 결과가 달라진다.

이같이 당연한 얘기인데도 일목요연하게 정리해서 설명해주니 메시지가 마음 깊이 자리하게 되었다. 교육 프로그램에서 배운 내용을 팀장, 팀원 들에게 얘기해주었더니 모두 고개를 끄덕였다. 그동안 만났던 영업 깨나 한다는 사람들도 강하게 긍정했다.

그러면 빡빡한 일정으로 가득 찬 일상생활에서 어떻게 하면 에너지를 충만하게 할 수 있을까. 필자는 ‘체력 관리’와 ‘식사 관리’ 두 가지를 권한다. 운동을 꾸준히 하고, 영양소를 골고루 섭취하는 것이다.

특히 제약영업자는 식사 관리를 잘해야 한다. 우리는 사무실보다는 밖에서 시간을 많이 보낸다. 또 시간 관리도 자기가 알아서 해야 하다 보니 식사를 제때 못하는 경우가 많다. 식사를 놓쳤다면 2시간마다 소량의 간식을 섭취해서 적절한 혈당을 유지하여야 한다. 특별히 점심 식사는 규칙적으로 하는 습관을 가져야 한다. 영양을 보충해야 오후에 움직일 힘이 생긴다.

그런데 많은 영업사원들이 고객을 더 만나겠다는 욕심으로 ‘이 고객을 만나고 나서 식사해야지’ 하다가 점심시간을 놓친다. 성공하는 영업사원의 이야기를 들어 보면 식사만큼은 잘 챙긴다. 또 항상 밖에서 생활을 하다 보니 그 누구보다 몸을 챙기는 식사를 한다. 운동은 몸 상태나 취향에 따라 다를 수 있으므로 평소 자신에게 맞는 운동이 무엇인지 진지하게 고민해봐야 한다.

상위 10% 영업사원들은 에너지 관리 측면에서 공통점이 있다. 바로 '집과 회사를 확실히 분리한다'는 것이다. 가정에서는 회사나 일 생각을 완전히 잊고 충전의 시간을 갖는다. 방안의 전등을 켰다 껐다 하듯이 집에서만큼은 영업으로 인한 스트레스를 완전히 소등하는 것이다. 이렇게 휴식을 온전히 취하면 충분히 재충전을 할 수 있고, 이를 습관화하면 늘 활력을 유지할 수 있다.

영업노트

- 제약영업에서 체력만큼 중요한 게 없다.
- 영업사원이 힘 빠진 모습으로 고객을 만나러 가면 고객은 이를 쉽게 알아차린다. 내가 갖고 있는 에너지가 고객에게 전달되는 것인 만큼 늘 에너지 레벨을 높게 유지해야 한다.
- 쉴 때는 확실히 쉬고, 식사는 규칙적으로 하라. 당신이 영업을 계속해서 잘하고 싶다면!

위기관리 369

직장 생활을 하다 보면 3개월, 6개월, 9개월째에, 그리고 3년, 6년, 9년째에 위기가 찾아온다는 말이 있다. 그럴싸하다. 직장 생활에서 위기는 누구에게나 온다. 하지만 이를 극복하는 사람이 있고 그렇지 못하는 사람이 있다.

제약영업계에서도 마찬가지다. 영업을 잘하는 사람과 그저 그런 사람은 위기관리 방식도 다르다. 우선 뛰어난 영업자는 위기를 거부하지 않는다.

오히려 이를 인정하고 받아들인다. '요즘 일이 안 풀리네. 하는 일마다 잘 되는 건 아니구나' 식으로 현실을 부정하지 않는다.

주목할 것은 사후 대처법이다. 그들은 스트레스가 쌓였다고 해서 동료와 퇴근 후에 술 한잔 하면서 이를 풀려고 하지 않는다. 도리어 현장에서 문제를 찾으려 하고 그 근본 원인을 알아내려고 애쓴다. 고객에게 직접 물어보기도 하고 선배들에게 조언도 구하는 것이다.

이때 주의해야 할 것이 있다. 위기에 봉착했을 때는 현재 힘든 사람들끼리 대화를 자주 해선 안 된다. "정말 힘드네요", "이래서 우리 회사는 안 돼", "○○○팀장 때문에 되는 일이 없어"라고 하면서 함께 악순환에 빠진다. 대화를 하면 할수록 의욕이 떨어지는 것이다.

위기가 닥치면 우선 주변에서 '긍정의 힘'을 전달하는 사람을 찾아서 상담을 받아라. 그래야 힘이 생긴다. 이들에게 자문을 한 후 자신이 발견한 문제를 해결할 대책을 세운다.

개중에는 일을 더 벌여서 위기를 극복하는 사람도 있다. 평소에는 하루에 고객 10명을 만나던 것을 15명으로 늘려서 고민할 여지가 없게 만드는 것이다. 점심 식사도 혼자 하지 않고 고객이나 동료와 함께 하려고 계획을 짠다. 나름 효과가 있을 수 있지만 일로 생긴 스트레스는 일로 풀려고 해서는 안 된다. 자칫하다 지쳐 버려서 의욕마저 잃을 수 있다.

일로 인해 스트레스를 받았다면 외부에서 극복할 수 있는 대안을 찾는 것이 좋다. 일에 의욕이 없거나 방향을 못 잡겠다면 퇴근 후 외국어 학원에 다니든지 평소 하고 싶었던 취미 활동을 하는 것이다. 그러면 업무 시간 동안 퇴근 후 스케줄을 맞추기 위해 바쁘게 움직이게 된다. 서둘러 일을 마무리하다 보면 업무가 즐거워질 수도 있다.

필자도 퇴근 후에 이같이 위기관리를 해보았는데 새로운 세계를 만나는 느낌이었다. 다른 사람들이 열심히 사는 모습을 보면서 용기를 얻기도 했고, 지금 나의 위치에 감사하기도 했다.

누구에게나 위기는 온다. 이때 혼자 고민하면서 스스로에게 매몰돼 잘못된 결론에 다다르지 않도록 하자. 위기가 닥치면 상담하기에 좋은 사람을 찾아 나서거나, 평소 실행에 옮기지 못했던 것을 해보라. 그러면 위기의식으로 인해 닫혀 있던 사고가 열리고 다시금 에너지가 솟구칠 것이다.

- 영업을 하다 보면 누구에게나 위기는 찾아온다. 당신에게만 위기가 오는 게 아니므로 두려워할 건 없다. 우선 위기를 있는 그대로 받아들여라.
- 주변에서 긍정적인 인물을 찾아서 이야기를 나누도록 한다.
- 그래도 위기 극복이 안 된다면 외부에서 해결책을 찾아본다. 자신이 갇혀 있는 세계에서 벗어나 새로운 세계를 보게 되면 도리어 현재 내가 있는 곳이 새롭게 보인다.

건전한 경쟁자와 롤 모델을 만들라

제약영업자의 하루를 따져 보면 고객을 만나는 시간은 적다. 고객 한 명을 만나면 대개 1~2분이 소요된다. 아무리 길어도 10분을 넘기지 않는다. 하루에 만날 수 있는 고객 수도 10명 내외이다. 하루 8~9시간 일해도 실제로 고객과 접촉하는 시간은 1시간에서 2시간 미만이다. 나머지 6시간 이상은 혼자 지낸다.

게다가 제약영업은 보험이나 자동차영업과 달리 불특정 다수를 만나는 것이 아니다. 고객이 이미 정해져 있다. 약국 영업을 하면 약 100명의 고객을 맡는다. 개원가 영업은 고객이 최대 120여 명이다. 종합병원은 50여 명 미만의 고객이 담당자에게 주어진다. 제약영업은 50에서 100여 명의 정해진 고객을 관리하는 셈이다. 그렇다 보니 하루쯤은 빠져도 티가 안 난다. 또 매일 보는 고객과는 대개 뻔한 이야기로 시간을 보낸다.

그래서 제약영업은 타 영업에 비해 고객과 정은 더 들진 몰라도 자칫하면 매너리즘에 빠지기 쉬운 직종이다. 매너리즘에 빠지면 영업에 집중하지 못하고 일도 나태하게 한다. 이를 타개하는 해법은 스스로에게 동기 부여를 하면서 자극을 주는 것인데 건전한 경쟁자나 롤 모델이 있다면 큰 도움이 된다. 거기에 자신의 일처럼 여기고 조언을 해주는 멘토 같은 고객이 있다면 금상첨화이다.

필자가 아는 한 영업사원은 타사의 직원과 건전한 경쟁 관계를 형성하여 서로가 서로에게 롤 모델이 되어 자극을 주고받는다. 그들은 서로 경쟁하면서 배우고 주말에는 같이 공부도 한다. 한 명이 지치거나 나태해지면 다른 한 명이 용기와 자극을 준다.

영업은 혼자 있는 시간이 많아서 외롭다. 이런 당신에게 건전한 경쟁자와 롤 모델이 있다면 외롭지도 않을뿐더러 성공할 가능성도 높아진다.

영업노트

- 사내 또는 동종 업계에 있는 사람과 건전한 경쟁 관계를 만들라.
- 영업의 고수들은 경쟁자의 시장과 실적까지 점검한다. 이같이 선의의 경쟁심을 가지면 스스로에게 확실한 동기 부여가 된다.
- 혼자 달리는 것보다는 누군가 옆에서 같이 달리는 것이 '긍정적 스트레스'가 된다.

멘토를 만들어라

제약사마다 신입을 교육시키고 동기 부여를 하는 프로그램을 갖고 있다. 그중에는 멘토 프로그램도 있다. 그런데 이 프로그램은 잘못 운영되고 있다. 직속 상관이나 직장 선배라고 해서 무조건 멘토가 될 수 있는 것은 아니기 때문이다.

멘토링은 코칭과는 차원이 다르다. 멘토(mentor)가 되려면 다방면을 잘 이해해야 하고 경험도 풍부해야 하며 올바른 가치관도 갖고 있어야 한다. 또한 멘티(mentee)가 부담 없이 이야기할 수 있는 사람이어야 한다.

영업을 하다 보면 마음속에 있는 이야기를 나눌 사람이 필요하다. 현장에서 느끼는 고충, 자신의 미래, 직장 내 인간관계 등을 허심탄회하게 말할 수 있는 상대 말이다. 솔직한 대화를 통해서 서로 심도 있게 문제를 파악해야 앞으로 더 성장할 수 있는 해결 방안을 모색할 수 있다.

한데 팀장이나 팀 선배에게는 해야 할 이야기를 속 시원히 할 수 없다. 대부분 회사에서 속내를 너무 드러내면 '내가 한 말이 언젠가 비수가 되어 나의 등에 꽂힐지 모른다'고 생각할 것이다. 그러니 아무리 회사에 멘토링 시스템이 있어도 소위 멘토로 정해진 사람과 대화를 하기보다는 혼자 판단을 해 잘못된 의사 결정을 하거나 그릇된 행동을 하게 된다.

물론 사내에서도 멘토를 찾을 수 있다. 다만 그가 나에게 멘토로서 적합한지 사전에 정보를 잘 파악하여야 한다. 사내에서 멘토를 찾을 때는 직급이 2단계 위인 상사를 택하는 것이 좋다.

사외에서 멘토를 찾는다면 동종 또는 유사 업종에서 일하는 사람을 택해야 더 깊은 이야기를 나눌 수 있다. 이게 여의치 않다면 타 직종이더라도 최소 10년 넘게 사회 경험을 한 사람을 찾아보라. 멘토가 연륜이 있어야 당신의 상황이나 문제점에 대하여 더 잘 이해할 것이고 당연히 대안도 더 현실적일 것이다.

일을 하다 보면 누구든지 슬럼프에 빠진다. 제약영업은 특히 혼자 다니는 시간이 많아서 슬럼프에 빠지면 게으름을 피우거나 술독에 빠지기 쉬운 직업이다. 제품 변동이 잦은 보험이나 자동차영업은 당장 움직이지 않으면 매출이 나오지 않지만 약품은 하루아침에 바뀌지 않기에 항상 부지런히 움직이지 않아도 매출은 나오기 마련이다. 그래서 나태함에 대한 유혹이 더 많다. 이때 힘을 실어주는 멘토가 있다면 이러한 유혹을 극복할 수 있다.

영업노트

- 한국 사회에서 멘토링은 흔치 않다. 하지만 성공을 원하는 사람에게 멘토링만큼 요긴한 것도 없다. 멘토링은 카운슬링이나 코칭과는 다르다. 멘토는 보다 깊이 있고 솔직하게 마음속 이야기를 털어놓을 수 있는 상대여야 한다. 그래서 멘토를 고를 때도 신중해야 한다.
- 시야를 넓혀 자신만의 멘토를 찾아보자. 그에게 자신의 꿈과 비전을 설명하고 멘토가 되어줄 것을 진심으로 부탁하라. 멘토가 돼달라고 요청하면 흔쾌히 승낙할 것이다.

리더처럼 상상하라

제약영업사원은 특정 지역의 의원이나 병원, 약국을 담당하다 보니 혼자 보내는 시간이 매우 많다. 그러나 늘 개인으로만 움직이는 것은 아니다. 개인 활동을 하다가도 팀끼리 회의도 하고 영업 본부 전 직원이 모여서 워크숍도 한다. 또 마케팅부와 전략 회의를 할 때도 있고, 영업 총괄 임원이 주최하는 회의에 참석하는 기회도 종종 있다.

그런데 이 경우 많은 영업사원들은 위의 지시나 전략안을 수동적으로 듣고 있기만 한다. 영업사원들에게 여러 프로젝트도 맡겨 보고 발표도 많이 시켜보는데 이때도 대부분 '위에서 시키는 일이니까 그냥 한다'고 생각하고 수동적으로 임한다. 안타까운 일이 아닐 수 없다.

물론 정신적으로 여유가 없거나 개인의 성향 자체가 도전적이지 않을 수 있다. 하지만 무리하게 시간을 쪼개거나 마음을 크게 먹지 않더라도 능동적으로 움직일 수 있다. 바로 '리더처럼 상상해보는 것'이다.

팀장, 본부장, 임원 또는 마케팅부에서 내놓는 여러 가지 전략이나 영업 방침을 적극적으로 경청하면서 '내가 그 자리에 있다면 이렇게 할 텐데' 하고 상상을 해보라. 그리고 그들이 얘기하는 모든 이야기들의 배경을 이해해보려고 노력해보라.

그러면서 결과를 지켜보자. 다른 영업사원들이 어떻게 반응하고 행동하는지, 그리고 그 결과가 어떻게 나오는지 자세히 관찰해보는 것이다. 그러면 내가 상상했던 결과와 일치하는지, 아니면 전혀 다른 상황이 펼쳐지는지 알게 될 것이다. 이때도 과연 내가 상상 속에서 생각했던 전략 혹은 영업 방침, 프로세스 등이 옳은 판단이었는지 생각해본다.

이처럼 늘 자신이 리더인 것처럼 상황을 그려보고 매사에 나만의 결정을 내려보라. 이런 습관이 들면 나중에 그 위치에 올랐을 때 그동안 상상을 통해 마음속으로 준비했던 의사 결정들이 몸에 배어서 실제 상황에서 하나의 사고와 행동으로 나타난다.

이미 팀원 때부터 팀장처럼 생각하고 상상한 사람이 팀장이 되고, 팀장이었을 때 임원처럼 생각하고 상상했던 사람들이 임원이 된다. 이는 미래를 준비하는 가장 효율적인 방법으로서 이른바 '이미지 트레이닝'이라고 할 수 있다.

이미지 트레이닝을 계속하면 나중에 유사한 상황이 닥쳤을 때 보다 성공적으로 업무를 수행하게 되고 당신은 자연스럽게 리더의 자리에 오를 것이다. 실제 이런 사람들이 늘 솔선수범하고 중요 업무를 도맡는다.

사내에서 성공 사례를 발표할 때도 자신이 조직의 리더라고 생각하고 준비를 하라. 그러면 어떻게 하면 직원들이 내가 발표하는 것을 잘 이해할지, 어떻게 하면 발표를 효율적으로 할 수 있을지 고민하게 된다. 즉, 자신의 발표를 미리 상상하면서 준비를 하게 된다.

사실 사내에서 하는 성공 사례 발표는 자신을 PR 할 수 있는 최고의 기회다. 관리자, 임원급 상사들이 영업사원을 기억할 수 있는 유일한 시간이기 때문이다.

그들은 리더처럼 준비하고 리더처럼 발표하는 당신을 반드시 기억할 것이다.

- 팀원인데도 팀장처럼 행동하는 사람이 있다. 또 팀장인데도 임원처럼 행동하는 사람이 있다. 이들의 행동 패턴을 유심히 살펴보자. 그들은 늘 도전할 곳을 생각하고 있다.
- 당신도 그렇게 할 수 있다. 자신에게 당장 그 직무가 주어지지 않더라도 마음속으로는 얼마든지 그 일을 해볼 수 있다.
- 스포츠에서 유용하게 쓰이는 '이미지 트레이닝'은 직장에서도 성공을 위한 훌륭한 도구이다.

chapter 03

고객 심리를 경영하라

고객 심리를 경영하라

여러분 다이어리 쓰세요? 아니면 PDA도 좋습니다. 영업 현장에 계신 분이라면 아마 100% 사용하실 것입니다. 그런데 다이어리 쓰는 거 좋아하세요?

어떤 분은 매우 좋아하실 것입니다. 연간별, 월별, 주별, 일자별 계획을 세우고 또 그대로 실행된 결과를 보면서 흐뭇해하고, 거기에 일기도 쓰고 중요한 명함도 넣어 다니며 그 자체로 즐겁고 뿌듯해하고 행복하기까지 합니다. 거의 분신의 수준이죠.

그러나 어떤 분은 싫어할 것입니다. 이분들의 다이어리 사용 목적은 '스케줄을 잊어버릴까 봐', '기억을 다 못하니까'입니다. 물론 이분들이 다이어리를 제대로 사용하지 못하는 것은 아닙니다. 이분들도 체계적이고 계획적으로 오목조목 다이어리 작성을 매우 잘합니다.

둘은 그러면 어떤 차이점이 있을까요? 바로 다이어리 작성의 자극이 주는 즐거움의 유무입니다. 여러분이 의사 고객을 만나는 것은 즐거운 자극인가요? 고객인 의사들은 여러분을 만나는 것이 즐거운 자극일까요?

여러분의 고객이 어떤 자극에 더 이끌리는지 지금부터 다이어리에 기록해 두십시오.

고객 심리란 무엇인가?

지금 생각해보면 그랬다. 이유 없이 싫은 동료가 있었다. 뭐라 딱히 말하기는 어렵지만 그렇다고 이런저런 핑계거리를 대면서 불편하다고 토로하기에는 뭔가 내가 좀 유치했다. 내가 잘못된 건가? 딱히 나에게 잘못하는 것도 없는데 나는 왜 그 동료가 싫지?

한술 더 뜨는 경우도 있었다. 죽어도 만나러 가기 싫은 거래처 사장이 있었다. 회사를 그만두고 싶기까지 했다. 어쩌면 영업 일이 내 적성에 맞지 않는다고 착각까지 했다. 거래처 사장이 싫은 게 내 직업이 싫고 내 회사가 싫다고 착각할 정도로 큰일로 다가왔으니 나로서는 인생의 갈림길이 될 상황이기도 했다. 그때 그랬다면 큰일 날 뻔했지.

정말 그 동료가, 그 거래처 사장이 나쁜 심성을 가진 사람이기라도 했는가? 내가 싫어하고 어려워해서 그렇게 판단한 것이라면 나에게는 꼭 틀린 판단만은 아니다. 그러나 그 동료나 사장이 심성이나 성격이 나빠서가 아니라 어쩌면 내가 불편하게 느꼈기 때문은 아니었을까? 내가 불편하게 느낀다는 것은 무엇인가? 바로 '낯설다'는 것이다.

- "김 대리는 일만 잔뜩 벌여놓고 뒷수습은 항상 우리가 하잖아?"
- "팀장은 지시를 내렸으면 그냥 마감까지 좀 기다려주면 안돼? 매일 볼 때마다 '아직 안 끝냈어?'라고 물으면서 닦달을 해대니 마감은 왜 만들어둔 거야?"
- "꼭 말을 해도 저런 식으로 말을 해야 해? 자기 때문에 상처 받는 사람이 어디 한둘이야?"
- "본부장님 지시하신 일 다 끝냈어요."

  "그건 이번 주말까지 하면 되는데, 빨리 끝냈네."

  "미리 안 하면 저는 불안해요."
- "박원장님 진료실 들어가봤지? 무슨 창고도 아니고 무슨 책들하고 논문들이 그렇게 산처럼 쌓여 있는지 어디 환자가 진료를 편안히 받을 수 있겠어? 내가 지난번에 드린 자료도 그 속에 어디 끼워져 있을 걸? 난 말이야 내 책상 주변과 방 정도는 아주 깔끔하지. 난 어지러워져 있는 꼴은 못 봐."

이와 유사한 대화를 우리는 곧잘 하고 또 듣기도 한다.

정말 나 아닌 상대방의 그런 모습은 태도나 심성이 나빠서인가? 아니면 교육이 잘못된 건가? 아니면 도통 매너라고는 없는 걸까?

이에 대한 해답을 얻기 위해 우리는 심리학자들을 만나볼 것이다.

이 사람들이 우리에게 어떤 해답을 줄 수 있을지 궁금할 것이다. 칼 융 (Carl Jung), 이자벨 브릭스 마이어스(Isabel Briggs Myers)와 캐서린 쿡 브릭스(Katharine Cook Briggs)가 그들이다.

이들의 심리 이론의 도움을 받아 영업 현장에서 부딪치는 의사 고객의 심리에 관한 정보를 나누어보고자 한다. 이에 앞서 고객의 심리를 왜 이해해야 하는지 다시 한 번 짚고 넘어가도록 하자.

우리는 고객과 관계를 구축하면서 수많은 고민에 휩싸인다.

'대학병원 이 교수님은 무슨 주제로 대화하는 걸 좋아할까', '소아과 조 원장님은 내 이야기를 듣고 싶어할까, 아니면 내가 자기 이야기를 들어주기를 바랄까', '내과 김 원장님은 어떠한 방식의 세미나를 좋아할까?', '개원의 김 원장님에게 호감을 살 만한 선물이 무엇일까' 등등.

영업 방식에 대해서도 끊임없이 고민한다. '한 가지 영업 방식이 모든 고객에게 똑같은 효과를 볼 수 있을까', '내가 자신 있어 하는 영업 스타일은 무엇인가', '내 장점 중 뭘 부각해야 고객이 나의 열정을 느낄까'….

이같이 무수한 고민에 대한 해답은 바로 고객의 마음에 있다. 지금부터 효과적인 고객 관리를 위해 고객의 마음속으로 들어가보자.

이미 많이 알려진 MBTI 심리 프로그램이 길 안내를 도와줄 것이다.

"우리와 접촉하는 많은 다른 사람들은 우리가 마음이 가는 곳에 마음이 가지 않기도 하며, 가치를 두는 곳에 가치를 두지 않을 수도 있고, 흥미로워 하는 것에 흥미를 두지 않을 수도 있다."

– 이자벨 브릭스 마이어스

성격 유형 예측해보기 Ⅰ

PART A

1. 나는 사교적이다 ☐
   나는 내성적이다 ☐

2. 나는 열성적이다 ☐
   나는 냉담하다 ☐

3. 나는 내 생각을 거리낌 없이 이야기한다 ☐
   나는 내 생각을 내면에 담아두는 편이다 ☐

4. 나는 많은 친구들과 사귀고 있다 ☐
   나는 선택된 몇몇의 친구들과만 사귄다 ☐

5. 나는 생각한 것들을 말해버린다 ☐
   나는 나의 머리로만 생각한다 ☐

6. 나는 활동적인 것을 선호한다 ☐
   나는 조용한 것을 선호한다 ☐

7. 나는 말하기를 좋아한다 ☐
   나는 듣기를 좋아한다 ☐

8. 나는 외부 지향적이다 ☐
   나는 내부 지향적이다 ☐

9. 나는 감정을 표출한다 ☐
   나는 자제력을 발휘한다 ☐

10. 나는 재빠르게 반응한다 ☐
    나는 주의 깊게 반응한다 ☐

PART B

1. 나는 일상적인 것들을 좋아한다 ☐
   나는 변화를 좋아한다 ☐

2. 나는 사실들에 대해서 생각한다 ☐
   나는 가능성들에 대해서 생각한다 ☐

3. 나는 정밀한 것을 좋아한다 ☐
   나는 브레인스토밍을 좋아한다 ☐

4. 나는 현재에 관심을 갖는다 ☐
   나는 미래에 관심을 갖는다 ☐

5. 나는 나의 오감을 활용한다 ☐
   나는 나의 육감에 의존한다 ☐

6. 나는 현실적이다 ☐
   나는 이상적이다 ☐

7. 나는 직접적인 표현을 사용한다 ☐
   나는 비유적인 표현을 사용한다 ☐

8. 나는 학습된 기술들을 사용한다 ☐
   나는 새로운 기술들을 습득한다 ☐

9. 나는 흔들리지 않는 사람이다 ☐
   나는 변덕스러운 사람이다 ☐

10. 나는 상세한 것을 좋아한다 ☐
    나는 전체적인 그림을 좋아한다 ☐

PART C

1. 나는 논리적이고 분석적이다 ☐
   나는 주관적인 가치 지향형이다 ☐

2. 문제들을 객관적으로 본다 ☐
   주관적으로 강하게 개입한다 ☐

3. 나는 정의를 내세운다 ☐
   나는 자비를 내세운다 ☐

4. 나는 냉정하다 ☐
   나는 냉정하지 못하다 ☐

5. 나는 공평하다 ☐
   나는 동정적이다 ☐

6. 나는 단호하다 ☐
   나는 부드럽다 ☐

7. 나는 분위기에 영향 받지 않는다 ☐
   나는 분위기에 동조되어 버린다 ☐

8. 나는 업무에 집중한다 ☐
   나는 인간관계에 집중한다 ☐

9. 나는 정직한 진실을 좋아한다 ☐
   나는 갈등, 불쾌함을 피한다 ☐

10. 나는 비논리적인 것에 당황한다 ☐
    나는 비논리적인 것을 받아들인다 ☐

PART D

1. 나는 의도적이다 ☐
   나는 임의적이다 ☐

2. 나는 구조성을 더 선호한다 ☐
   나는 비구조화되기를 더 선호한다 ☐

3. 나는 결단력이 있다 ☐
   나는 결단하기까지 생각이 많다 ☐

4. 나는 고집이 센 편이다 ☐
   나는 마음이 열려 있다 ☐

5. 나는 꼼꼼한 사람이다 ☐
   나는 여유 있는 사람이다 ☐

6. 나는 계획적이다 ☐
   나는 충동적이다 ☐

7. 나는 비판적이다 ☐
   나는 동의한다 ☐

8. 나는 표준에 따라 살아간다 ☐
   나는 새로운 경험을 받아들인다 ☐

9. 나는 지속적인 친구 관계를 가지고 있다 ☐
   나는 쉽게 안면을 튼다 ☐

10. 나는 계획하면서 살아간다 ☐
    나는 비계획적인 활동을 좋아한다 ☐

출처 『심리유형을 알면 인간경영이 보인다』(로버트 벤파리 저)

위의 네 가지 파트 각 번호에는 두 개의 질문이 있다. 둘 중 앞 진술의 내용은 각각 외향(E), 감각(S), 사고(T), 판단(J)의 선호 경향에 대한 특징이며, 뒤 진술의 내용은 각각 내향(I), 직관(N), 감정(F), 인식(P)의 선호 경향에 대한 특징을 서술한 것이다.

당신이 더 많이 선택한 특징을 당신의 성격 유형으로 예측할 수 있다.

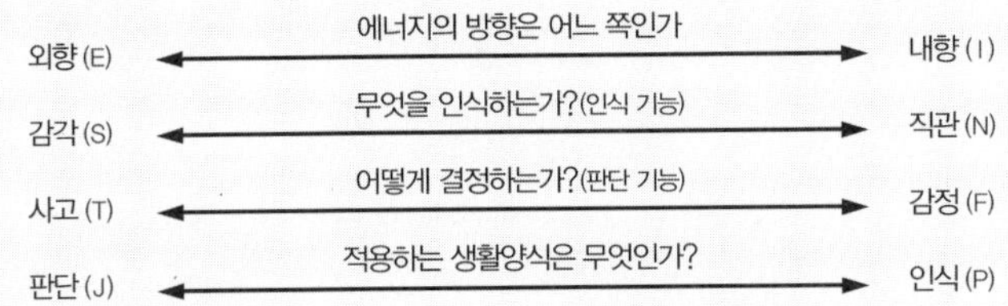

✓ Checklist

성격 유형 예측해보기 Ⅱ

나는 어떤 유형일까? 앞으로 알게 될 각 지표들에 대한 개념을 큰 틀에서 미리 개괄해 보고 출발하자. 다음은 각 척도와 선호 경향에 대한 기준 질문이다.

선호 경향을 나누는 기준으로 좌우 각 4가지 척도들의 조합을 만들면 모두 16가지의 성격 유형이 아래와 같이 도출될 것이다.

ISTJ	ISFJ	INFJ	INTJ
ISTP	ISFP	INFP	INTP
ESTP	ESFP	ENFP	ENTP
ESTJ	ESFJ	ENFJ	ENTJ

출처 『기업조직에서의 MBTI 활용 입문』(한국심리검사연구소)

정확한 선호 경향은 성격 유형 검사를 통해서 확인할 수 있으므로 현재로서는 단지 예측하는 차원이다. 성격 유형별 특징에 대해서는 199페이지 '16가지 성격 유형'을 참고하기 바란다.

자, 그럼 지금부터 당신을 대신해서 만나보게 될 정 대리는 무슨 유형일까?

똑같은 에너지를 쓸 필요는 없다. 보조를 맞춰라!

"원장님, 저는 내일 좀 쉬고 싶어요"

'환자도 별로 없는데 빨리 좀 만나고 갔으면…'

정 대리는 오늘도 병원 대기실에서 2시간씩이나 기다렸다.

"A제약사, 들어가세요."

휴~ 이제야 들어갈 수 있게 됐다. 지친 마음을 다잡고 들어갔더니 맹 원장님은 통화 중이다. 잠깐 들어보니 친구와 사적인 대화를 하고 있는 듯한데 중요한 이야기 같지는 않다. 내가 들어온 걸 보고는 전화를 끊을 참인가 보다.

"어? 벌써 한 시간째네. 그래 자세한 건 나중에 만나서 얘기하자고."

'뭐? 한 시간이나 통화하고 있었다고? 그러고도 모자라서 자세한 건 나중에 얘기하자고? 나 같으면 기운이 빠져서라도 그렇게 오래 통화는 못하겠네.'

맹 원장님, 에너지가 넘치시는 모양이다. 그러고 보면 여기 원장님은 항상 활력도 있고 말씀도 많으시다. 난 왠지 맹 원장님 앞에서는 입이 잘 떨어지지 않는다. 어쩔 땐 나한테 질문을 하시고는 잠시도 기다려주지 않는다.

"이봐 정 대리, 자네 뮤지컬 좋아하나?"

"어… 뭐 싫어…"

"아냐 아냐. 자네는 별로 안 좋아할 것 같아. 뭐 좋은 뮤지컬 있으면 추천 좀 받을까 한 건데, 아내랑 같이 가려고 말이야. 다음 주가 와이프 생일이거든.”

대답을 채 하기도 전에 혼자서 생각하고 혼자서 결론 내신다. 난 싫어하지는 않고 가끔 보러 간다고 말하려던 참이었다. 하지만 대답할 여유는 없었다.

‘말해서 뭣하리. 이건 대화를 한다기보다는 하시는 말씀을 듣는 꼴밖에 안 되는데.’

“저는 뮤지컬을 싫어하지는 않아요”라고 말해봤자 득 볼 것도 없지. 아무튼 난 그날 졸지에 뮤지컬을 싫어하는 사람이 돼버렸다.

때때로 맹 원장님 같은 분을 찾아가면 만나기도 전에 피곤해진다. 갑작스런 질문에 대답이라도 할라치면 생각할 시간도, 대답할 시간도 주시지 않는다. 늦은 밤 자취방으로 돌아와 쉬기라도 할라치면 술 한잔 하고 있는데 합석하라고 전화가 온다. 옷을 챙겨 입고 부랴부랴 뛰쳐나간다. 그러나 속으로는 이렇게 외친다.

‘원장님, 저는 내일을 위해 오늘은 좀 쉬고 싶어요.’

다음 날 영락없이 늦은 시간에 현장에 간다. 맹 원장님은 여전히 일찍(?) 병원으로 나가신 모양이다.

어떻게 하면 이런 난감한 상황을 조금이라도 줄일 수 있을까? 오늘부터 고민 좀 해봐야겠다. 그러고 보니 예전에 맹 원장님이 하신 이런 말씀이 생각난다.

“난 말이야. 주말에 집에 가만히 있으면 병이 나. 뭐라도 해야 한다니깐. 낮에 병원 일로 육체적으로 좀 피곤해도 저녁에 차라리 사람들 만나는 게 훨씬 좋아."

난 그렇지 않다. 난 주말에는 정말이지 좀 쉬어주어야 한다. 게을러서 그런 건 아니다. 난 음악을 듣거나 책을 읽으면서 쉬는 걸 좋아한다. 나에게 '쉰다'는 것은 몸을 많이 안 움직이면서 그야말로 '조용히 있는 것'이다.

우리 사무실에서는 길동 씨가 꼭 맹 원장님 같다. 길동 씨는 거래처인 뽀뽀뽀 병원 주 원장님이 가끔 답답하단다.

"주 원장님은 너무 말씀이 없으셔서 방문해도 딱히 할 말이 없어. 나야 아무거나 생각나는 대로 말할 수야 있지만 고객이신데 혹 거북해하실까 봐 말도 쉽게 못 꺼내겠고…. 예전에 그냥 말했다가 좀 불쾌해하시더라고."

"길동 씨랑 저랑 거래처 바꾸면 정말 좋겠네요."

"그럼 아마 둘이서 얼굴만 쳐다보고 맨송맨송 있을 걸. 아니면 서로 눈도 안 마주칠 걸, 하하."

듣고 보니 과묵한 고객을 상대로 영업하는 것도 힘들 것 같다. 그래도 맹 원장님은 이해가 안 된다. 내겐 너무 벅찬 그대다. 숨이 찬다.

맹 원장님과 당신은 「에너지의 방향」이 다른 곳을 향하고 있네요.

에너지의 방향

구 분	맹 원장님	나 (정 대리)
특 징	심리적 에너지가 밖으로 향한다.	심리적 에너지가 안으로 향한다.
	소모에 의한 에너지 충전 (사람을 만나거나 활동할 때 에너지가 생긴다.)	비축에 의한 에너지 충전 (혼자 조용히 있을 때 에너지가 생긴다.)

수다스러운 맹 원장님

어쩐지…. 맹 원장님과 나는 '에너지의 생성과 쓰임'이 달랐던 것이다.

그렇다면 구체적으로 어떤 차이점이 있는 걸까? 그리고 맹 원장님과 나를 구분할 수 있는 기준은 무엇일까?

무엇이 나를 활력 있게 하는가

구 분	맹 원장님	나 (정 대리)
특 징	사람, 사물 등 외부 세계에 에너지를 사용한다.	아이디어, 정서 등 자신의 내부 세계에 에너지를 사용한다.
	다양한 사람들과 폭넓은 관계를 형성한다.	소수의 사람들과 밀접한 관계를 형성한다.
	말을 통한 의사소통을 선호한다.	글을 통한 의사소통을 선호한다.
	생동감 넘치고 활동적이다.	조용하고 신중하다.
선 호 경 향	외향형(E : Extraversion)	내향형(I : Introversion)

맹 원장님과 정 대리는 '에너지의 방향이 어디로 향하는지'를 기준으로 보았을 때 정반대의 선호 경향을 보인다고 말할 수 있다.

'무엇이 나를 활력 있게 하는가'로 생각하면 쉽다. 이렇게 구분했을 때 '어떤 성격이다'라고 표현하면 일상에서 이해하기가 편하기는 하지만 원칙적인 용어로는 '어떤 선호'라고 하는 것이 맞다. 물론 본인이 이해하기 쉬운 쪽으로 편하게 사용해도 오용되지 않는 선에서는 괜찮다.

그 출처나 이론적 배경은 잘 모르긴 해도 외향과 내향은 우리가 평소에도 익히 사용하는 구분법이다. 이는 충분히 공신력 있는 것이지만 잘못 이해하였던 부분도 있다. 외향형과 내향형의 특징을 다른 각도에서 살펴보자.

구 분	내향형들의 오해	외향형들의 진실
외향형 (E)	이 사람들은 "말이 많다."	아니다. "말로 표현하는 데 능숙하다."
	수다스럽고 시끄럽다.	말로써 의사소통하다 보니 그렇다.
	항상 적극적이고 도전적이다.	자기가 관심 있는 일에만 그렇다.

구 분	외향형들의 오해	내향형들의 진실
내향형 (I)	이 사람들은 "말을 할 줄 모른다."	아니다. "글로 표현하는 데 능숙하다."
	대화에 잘 끼어들지 못한다.	말하는 것보다 경청하는 데 능숙하다
	소극적이다.	자기가 관심 있는 일에는 적극적이다.

여기까지 보았을 때 당신은 어떤 선호 경향을 갖고 있는가? 어느 한 쪽의 특징을 많이 갖고 있다면 그것이 바로 당신의 선호 경향이다.

"난 두 가지 특징이 골고루 있는데…. 그럼 선호 경향이 없다는 건가요?"

그렇지 않다. 외향과 내향은 한 사람의 특성에 함께 존재한다. 외향과 내향은 칼로 두부 자르듯 완전히 분리되는 것이 아니라는 점이 중요하다. 다만 어느 한 쪽으로 좀 더 치우쳐 있다면 그러한 선호 경향이라고 말할 수 있는 것이다.

외향의 선호 경향이 더 뚜렷한 사람일수록 외향형의 특징을 더 많이 가지고 있다는 것이지 그 사람이 내향의 특징을 전혀 갖고 있지 않다는 것은 아니란 점을 알아야 한다. 선호 경향에 대해서는 앞으로 좀 더 구체적으로 살펴볼 것이므로 하나씩 자신의 성향을 확인해보도록 하자. 고객을 더 이해할 뿐 아니라 나를 찾아가는 흥미로운 과정이 될 것이다.

- 자신의 선호 경향을 찾았는가?(정 대리는 내향형(I)의 선호 경향을 가지고 있다.)
- 좀 더 자신에게 끌리는 특징이 있다면 당신은 그 선호 경향일 가능성이 높다.
- 선호 경향의 특징에 대하여 여태껏 오해해왔다면 지금부터는 바로잡도록 하자.
- 사람에게는 외향과 내향의 특징이 모두 있음을 기억하자. 자신이 외향이더라도 특정 상황에서는 내향의 특징이 나타날 수 있다.

생동감의 전략인가, 인내심의 전략인가

외향형의 의사 : 말하고 활동하게 하라 | 여러분이 외향형의 고객과 커뮤니케이션 하게 된다면 우선 자신이 외향형인지 내향형인지 분명히 알고 대화를 시작하라. 고객과 나 둘 다 외향형이라고 해서 무엇을 해도 잘 맞을 것이라고 생각하기 쉽지만, 모든 상황에서 그렇진 않다. 외향형끼리 부딪쳐서 대화의 주도권을 놓고 기 싸움을 하게 될지도 모른다.

게다가 당신의 고객은 엘리트이자 전문가가 아닌가? 당신이 유창하다고 해서 외향형 고객 앞에서 그보다 더 유창해지지는 말아야 한다.

물론 외향형의 고객은 당신이 유창하게 말하는 것을 즐긴다. 하지만 외향형끼리 의사소통할 때는 양적인 수준을 맞춰 주어야 한다. 외향형의 고객은 자신이 더 말하고, 더 활동하려는 욕구가 있다. 이를 살려주는 쪽으로 커뮤니케이션의 보조를 맞추자. 고객의 표현 욕구를 해소시켜주면 고객은 자신도 모르게 당신에게 호감을 갖게 될 것이다.

주로 짧은 시간 동안 진료실에서 면담하는 영업 현장에서 외향형 고객의 욕구를 이끌어내는 방법 중 하나는 '질문을 하는 것'이다. 고객은 질문에 대답함으로써 자신의 활동적인 욕구를 발산한다. 처음부터 고객이 당신의 질문에 쉽게 대답하면서 매끄럽게 대화가 진행되지는 않을 것이다.

그러니 고객의 성향을 파악하면서 가장 괜찮을 것 같은 질문을 준비하라.

업무 관련 질문 외에도 고객이 충분히 대답할 수 있을 만한, 예컨대 조언을 구하는 질문을 해보는 것도 좋다. 외향형은 대답할 준비가 되어 있지 않아도 말하면서 생각하는 스타일이다. 따라서 '이 질문은 대답하기 곤란해하면 어쩌지' 하는 걱정은 안 해도 된다. 외향형의 고객은 자신이 대답하기 어렵더라도 시간만 있다면 당신에게 다른 식으로라도 답변해줄 것이다.

외향형이 선호하는 커뮤니케이션 스타일과 대응 전략

- 열성적으로 대화한다. → 말이 빠르므로 집중한다.
- 길게 생각하지 않고 재빨리 반응한다. → 질문이 채 끝나기도 전에 대답하기도 하므로 이때는 질문을 멈추고 웃으며 경청한다. 오류는 모두 듣고 나서 수정한다.
- 외부인과 일에 관심이 많다. → 다른 병원은 어떻게 하는지 정보를 준비한다.
- 직접 만나 말하는 것을 좋아한다. → 질문 등 대화를 유도하면서 활력을 얻게 해준다.
- 자기 말을 잘 듣고 있는지 확인하고 싶어한다. → 고객이 말할 때는 고개를 끄덕이거나 맞장구를 친다.

내향형의 의사 : 생각할 시간을 주고 기다려라 | 내향형은 외향형처럼 결론이 나기도 전에 큰소리로 말하거나 하지 않는다. 내향형은 자신의 내부에서 결론을 내린 후 말을 꺼낸다. 당신이 외향형이라면 이 같은 내향형 고객이 좀 답답할 수도 있을 것이다. 하지만 내향형 고객과 커뮤니케이션할 때 절대로 대답을 재촉하는 듯한 인상을 줘서는 안 된다.

내향형은 막 말을 하려던 참이었는데 그 새를 못 참고(대부분의 외향형은 이러한 침묵을 참지 못한다) 입을 열거나, 고객의 답을 추측해 "혹시 이렇게 생각하지 않으세요?"라고 하면 내향형은 입을 아예 닫아버릴지도 모른다.

그렇다면 외향형과 내향형 중 일반적으로 어느 쪽이 대화하는 것을 더 즐거워할까? 여러분이 예상한 대로 외향형이 즐거워한다. 외향형은 말하기를 즐기는 반면, 내향형은 잘 경청하는 능력이 있다. 외향형은 신이 나서 더 말한다. 자칫하면 내향형에게는 말할 기회조차 주지 않는다.

내향형은 외향형의 말을 듣다보면 피곤해진다. 그럼 내향형은 말을 많이 하는 것을 전혀 즐기지 않을까? 그렇진 않다. 내향형도 자신과 잘 맞는 사람 또는 같은 내향형과 있으면 말이 많다. 단지 조금 조용하게 말할 뿐이다.

물론 당신은 영업자이므로 외향형이건 내향형이건 상관없이 고객의 말을 잘 경청해야 한다. 자신이 외향형이더라도 고객이 답할 때까지 기다려주면서 듣는 것이다. 외향형 영업자라면 고객 앞에서 인내심을 갖도록 스스로 트레이닝 할 필요가 있다. 우선 말을 하고 싶을 때는 '1초만 쉬었다 말한다'고 의식적으로 생각하라. 그러면 '천천히' 말하는 습관이 몸에 밴다.

내향형 고객은 때로 당신의 방문이 부담스러울 수 있다. 하루 종일 많은 환자를 만난 고객은 당신이 싫어서가 아니라 사람들과 만나면서 에너지가 소진돼서 그럴 수 있다. 내향형이 피곤해 보이면 질문은 배제하고 공감의 말을 하면서 고객이 당신을 통해 휴식을 갖도록 도와주는 게 좋다.

내향형이 선호하는 커뮤니케이션 스타일과 대응 전략
- 열정을 자신의 심리적 내면에 간직한다. → 고객이 말을 먼저 꺼내는 일이 드물 테니 가벼운 주제나 감정적으로 공감 가는 내용으로 대화를 시작하라.
- 곰곰이 생각하고 대답하는 것을 좋아한다. → 질문을 던진 후 대답이 나올 때까지 기다려라.
- 내면적인 느낌에 관심이 있다. → 다른 사람에 대하여 너무 많이 말하지 말라.
- 글을 통한 커뮤니케이션을 좋아한다. → 의사소통할 때는 반은 말, 반은 글로 표현하라.

영업 또는 마케팅 담당자라면 외향형이 유리할 것이라는 생각이 보편적일 수 있다. 하지만 아래 표를 보면 여성이거나 나이가 들수록 다소 차분하고 신중해 보이는 내향형을 선호함을 알 수 있다.

종합병원 이상의 규모에서 일하는 스태프는 자신이 맡은 보직의 특성상 외향형의 적극성과 도전성이 자신에게 요구되어서 이런 결과가 나왔거나, 실제로 본인이 그런 성격일 가능성이 많기 때문에 외향형을 선호함을 가늠해볼 수 있다.

대체로 의사들은 일반인들에 대한 선호 경향의 분포보다도 훨씬 더 외향형의 영업사원을 선호하는 것으로 보인다.

구 분	외향형 영업사원	내향형 영업사원
선호비율	64.8%	35.2%
특징	남자 의사가 외향형 더 선호	여자 의사가 내향형 더 선호
	40대 미만의 의사가 외향형 더 선호	40대 이상의 의사가 내향형 더 선호
	종합병원 스태프일수록 외향형 더 선호(81%)	

출처 「성격유형과 영업성과와의 관계에 관한 연구 – 제약기업을 중심으로」
이영철, 아주대학교 경영대학원, 2005, 석사 논문

어떤 주제에 즐거워하는지 살펴라

난 나무를 봤는데 원장님은 숲을 보고 있었네

한강변 도로에 때 아닌 해바라기 한 송이가 초연히 피어 있다. 마포 공 원장님 사무실에 해바라기가 꽂힌 화병이 떠오른다. 조화(造花)인 데다 오 래전부터 있어서 먼지가 수북했다.

오늘은 공 원장님이 옆 건물로 이전하여 새로이 개원하시는 날. 무슨 선 물을 사갈까 고민하던 차였다. 시간을 쪼개 강남 터미널에 가서 해바라기 조화를 샀다. 큼직한 게 제법 괜찮았다.

"안녕하세요. 원장님 축하드립니다."

"어, 정 대리 고마워. 집사람이 해온 떡이 있으니까 좀 먹고 가."

"네, 그러겠습니다. 그리고 여기 해바라기. 원장님 방에 걸어두면 좋을 것 같아서요."

"오, 해바라기! 내가 제일 좋아하는 꽃이야. 내 맘을 꼭 알았던 거야?"

"노란 꽃잎이 예쁘지 않습니까? 사이즈도 큰 게 대범해 보이기도 하고, 그래 서 풍성해 보이잖아요."

"그래? 난 해바라기를 보면 소피아 로렌이 나왔던 영화「해바라기」가 생각나. 내가 참 좋아했던 영화지."

"그런 영화가 있었나요?"

"70년대 영화니 자네가 태어나기도 전이었겠구먼. 끝없이 펼쳐지는 우크라이 나의 해바라기 밭이 나오는데 거기에 영화의 철학과 상징이 숨어 있지."

"아, 네…('너무 어렵게 생각하시는 거 아냐?')"

"요즘 사람들 이슈가 뭐야? 우리 병원 마케팅에도 좀 응용해 보자고."

"어제 EBS TV를 잠깐 봤어요. 초등학생들이 토론하는 게 나오는데 '학교에서 어떻게 하면 복도에서 학생들이 뛰어다니는 것을 막을 수 있을까?'를 가지고 토론을 하던데요. 학생들의 토론 문화를 격려하기 위해서 하는 것 같았어요. 어떤 학생들은 실내화를 신으면 복도를 뛰어다닐 때 학교가 시끄러우니까 실내화를 신지 말자고 하기도 하고, 어떤 학생은 철저한 단속만이 중요하다고 하더군요. 원장님 생각은 어떠세요?"

"뭐 그런 일을 가지고 그렇게 고민이야? 복도를 없애버리라고 해!"

"네?"

"복도가 시끄럽다는 게 문제잖아. 그러니깐 복도를 없애야지."

'공 원장님이 저렇게 황당한 분이셨나? 유머이신 거야?'

"뭘 그렇게 놀라? 내 농담이 좀 심했나? 작은 일에 너무 집착하지 말란 말야. 나무를 보지 말고 숲을 봐. 너무 현실에만 집착하지 말고 미래를 내다봐. 그러면 사는 게 훨씬 더 여유로워질 거야. 일희일비(一喜一悲)하지 말고 새로움을 위해 과거를 돌아보고 미래를 내다보면 모두 한 가지야."

공 원장님은 평소에도 내가 보기에 좀 엉뚱한 면이 있었던 것 같다. 그런데 그것들이 꽤 매력 있었던 것 같다. 전혀 황당한 것이 아니라 '와, 어쩜 저런 생각도 하지?'라는 느낌이 들 때가 있었던 거다.

어리둥절하고도 코믹한 이야기를 듣고 돌아오는 길에 곰곰이 생각을 해봤다. 그리고 보니 공 원장님은 나에게 늘 "자넨 꿈이 뭔가?"라고 물어보셨다. 다 큰 성인에게 꿈을 묻는 사람은 거의 없지 않나?

"인생의 목표가 뭔가?"라는 질문은 주위에서 가끔 받아봤다. 그런 정도의 질문이라면 "현재 일에 성공하고 은퇴 후에는 여유롭게 아내와 함께 경제적으로 부족함 없이 노년을 보내는 겁니다"라고 답할 수 있었다.

그러나 "꿈이 뭔가?"라는 질문에는 쉽게 대답이 나오질 않았다.

내 꿈? 원장님은 뭘 또 그걸 그렇게 거창하게 물어보시는 거야? 그냥 "목표가 뭐야?"라고 물어보시지.

"정 대리, 난 말이야. 지금은 이렇게 창살 없는 감옥 같은 진료실에서 환자를 돌보고 있지만 은퇴하면 몽골로 갈 생각이야. 드넓은 초원을 달리면서 현실에 얽매여 있던 나를 완전히 벗어던지고 이곳저곳 여행도 다니면서 새 삶을 살 거야. 생각만 해도 멋지지 않아?"

그때 난 속으로 피식 웃었다. 겉으로는 맞장구를 쳤지만 내가 볼 때는 무모해 보이기도 했고, 현실을 회피하는 것 같았다. 한편 부럽기도 했다.

공 원장님과 당신은 「세상의 정보를 받아들이는 방식」이 다르네요.

세상의 정보를 받아들이는 방식

나 (정 대리)	공 원장님
오감을 통해 직접 경험한 정보를 더 잘 받아들인다.	육감을 통한 이론적이고 개념적인 정보를 더 잘 받아들인다.
현재의 사실이나 사건 그 자체로서 정보를 받아들인다.	사실과 사건이 가진 이면의 의미나 관계, 가능성으로 정보를 받아들인다.

공 원장님! 그게 가능한가요? 저는 믿을 수 없어요

세상의 정보를 다르게 받아들인다고?

공 원장님의 정신세계를 나는 이해하기 힘들다. 뭐 굳이 정신세계라고 표현하면 좀 걸맞지 않을 수 있지만 대화의 초점이 서로 맞지 않는다는 느낌이 든다. 뭔가 꼬집어서 말할 순 없지만 서로 어긋나는 느낌이랄까.

왜 이러한 현상이 생기는 것일까?

무엇을 통해 인식하는가(인식 기능)

구 분	나 (정 대리)	공 원장님
	오감(감각)을 통해 정보를 인식한다.	통찰(직관)을 통해 정보를 인식한다.
	구체적으로 표현한다.	추상적으로 표현한다.
특 징	현재에 초점을 둔다.	과거, 현재, 미래 전체를 살펴본다.
	실용성을 추구하고 현실적이다.	미래의 가능성을 추구한다.
	전통적인 가치를 중시한다.	새로운 변화를 시도하고자 한다.
선호경향	감각형(S : Sensing)	직관형(N : iNtuition)

정 대리는 공 원장님과 대화할 때 뭔가 주제가 쉽게 통하지 않는다는 걸 느꼈을 것이다. 아마 서로 '답답하다'는 느낌이 들지 않았을까?

이는 세상을 바라보는 눈도, 인식하는 방식도 서로 달랐기 때문이다. 감각형과 직관형은 일상적으로 쓰던 용어는 아니라서 외향형과 내향형이라는 용어보다는 생소할 것이다. 하지만 이들의 특징을 좀 더 살펴보면 쉽게 공감이 갈 것이다.

단지 우리가 딱 부러지게 구분하지 않아서 그렇지, 주변에서 이러한 유형을 많이 경험해 보았을 것이다.

구분	생활 속 행동	이유
감각형 (S)	실제적이고 현실적인 증거가 있어야 믿는다.	실제 경험을 중시한다.
	영화의 줄거리를 순차적으로 아주 자세히 설명하려 한다.	순서대로, 정상적인 단계로 접근하는 것을 좋아한다.
	금전 문제에 관심이 많고 철저하다.	현실적인 사람들이다.
직관형 (N)	구체적인 사례나 증거가 없어도 미래의 가능성을 보고 믿는다.	미래에 대한 도전을 좋아한다.
	영화의 줄거리보다는 영화가 주는 철학적 메시지를 좋아한다.	상상력, 통찰, 우회적 암시를 즐긴다.
	금전 문제에 관심이 적고 철저하지 않다.	현실을 걱정하기보다 미래의 발전 가능성을 늘 염두에 둔다.

자신의 성향을 체크해보라. 이제 자신이 감각형인지 직관형인지 감이 잡히는가? 심리 유형을 파악할 때 대개 감각형과 직관형을 구분하는 것을 가장 어려워한다. 하지만 필자가 보기에는 정말로 구분하기 어려워서 그런 것은 아니다.

인구통계적으로는 감각형이 훨씬 많다. 그런데 이 감각형은 직관형에 대한 동경을 숨길 수가 없다. 직관형은 기발한 아이디어도 많은 데다 지적이고 낙천적이며 미래 지향적이기 때문이다.

이제는 사회뿐 아니라 조직에서도 현실 감각보다는 뭔가 혁신적이고 색다른 것을 요구한다. 그래서 직관형의 특징을 개발하려고 많이들 노력한다. 영재 교육이나 브레인스토밍 등은 직관형의 특징과 관련이 있다. 하지만 노력을 한다고 곧바로 직관형이 되는 것은 아니다. 그런데도 감각형이 자신이 직관형의 특징을 많이 가졌다고 착각하는 경우가 있다. 감각형에게는 직관형이 되고자 하는 욕구가 내재되어 있기 때문이다.

직관형은 자신이 현실 감각이 떨어진다거나 뜬구름 잡는 소리를 한다는 말을 들어도 개의치 않는다. 현실에 집착하지 않기 때문이다.

결론적으로 감각형과 직관형은 구분하기가 어렵지 않다. 다만, 자신이 이상적으로 생각하는 유형이 아니라 자신의 타고난 성향을 살펴봐야 한다. 그러면 금방 자신의 유형을 추론해낼 수 있다.

이렇게 따져보니 공 원장님의 미래 계획이 정 대리에게는 다소 무리하고 황당하게 보이지 않았을까?

영업노트

- 자신의 선호 경향을 찾았는가?(정 대리는 감각형(S)의 선호 경향을 가지고 있다.)
- 자신이 이상적으로 생각하는 유형이 아니라 타고난 유형을 찾아야 한다.
- 고객과 좀처럼 대화의 초점을 맞추기 어려웠다면 나와 반대 유형일 가능성이 있다.
- 자신에게는 감각과 직관의 특징이 모두 있음을 기억하라. 당신은 경우에 따라서 그것을 적절하게 꺼내 사용할 수 있다. 물론 한계는 있을 것이다.

경험의 전략인가, 창의의 전략인가

감각형의 의사 : 증거 자료 없이 논리를 펴지 말라 | 인구통계적으로 대한민국에는 감각형이 74.6%의 비율로 다수를 차지하고 있다. 여러분이 만나는 대다수의 고객 역시 감각형일 것이다.

그렇다고 의사들 모두가 감각형은 아니며, 직관형의 의사라 할지라도 의학이라는 특성 때문에 감각형의 특징을 개발하고 사용하고 있다. 신약의 신뢰성을 따질 때 안정성과 효용성을 보지, 아직 일어나지도 않은 미래의 가능성을 믿는 의사들은 없지 않은가?

즉, 타고난 직관형이더라도 학문과 직업이 감각형처럼 행동하도록 동기화했을 가능성이 큰 것이다. 위급한 환자를 두고 명확하게 판단을 내려야하는 것이 의사의 역할 아닌가.

감각형의 가장 큰 특징은 사실과 경험에 근거해 정보를 수집하는 것이다. 이는 커뮤니케이션 스타일에도 고스란히 나타나는데, 쉽게 설명하자면 취업을 위한 자기소개서에 비유할 수 있다. 감각형은 과거 자신의 업적으로 자신을 어필하고, 직관형은 미래의 자신의 가능성을 보고 자신에게 투자하라고 어필하는 것과 같다.

감각형이 선호하는 커뮤니케이션 스타일과 대응 전략

- 사실, 사례 등 증거를 먼저 제시하는 것을 좋아한다. → 이들은 지나치리만큼 당신에게 분명한 자료를 요구한다. 심한 경우 자료의 오타, 수치까지도 문제 삼는다. 당연히 철저히 자료를 준비해야 한다.
- 정보 제공 시 직접적인 경험에 의존한다. → 성공 및 실패 사례를 준비한다. 제품은 물론 타 병원의 동향도 사례 위주로 전달한다.
- 직선적이고 실현 가능한 것을 좋아한다. → 병원 경영에 관한 혁신적인 아이디어는 부담스러워한다.
- 구체적으로 이야기하는 것을 선호한다. → 대화 주제에 관한 구체적인 예를 준비한다. 이야깃거리가 고민이라면 스크랩한 자료를 주면서 이야기를 시작하면 된다. 감각형은 '보는 대로 말하는' 스타일이므로 자료가 도움이 된다.

직관형의 의사 : 낙관적이고 미래 지향적으로 접근하라 | 직관형의 고객에 대한 전략은 다소 어려울 수가 있다. 우선 당신이 직관형일 가능성이 적기 때문에 고객도 이해하기가 쉽지 않다.

영업 현장뿐만 아니라 의료 현장에도 직관형의 비율이 전체 평균 비율보다 적다. 이들은 상대방의 미래 가능성을 내다보면서 낙관적인 처방과 방법을 제시하는 데 능력이 있다.

어떤 사람들은 이런 직관형들에게 현실의 어려움에 대해 하소연을 하기 위해 상담을 받게 되면 갑자기 미래가 핑크빛으로 보인다는 말을 한다. 의사뿐만 아니라 심지어 옆집 이웃에게서도 그런 희망을 듣고 오기도 한다.

직관형은 아이디어가 풍부하고 혁신적인 방법으로 미래를 내다보는 특징 때문에 종종 큰 조직의 우두머리가 된다. 이들은 현실의 어려움을 어려움으로 보지 않고 성장을 위한 과정으로 보며 오히려 그것을 발판으로 더 도약하고자 하는 뜻을 펼친다.

그러므로 당신이 이런 고객을 만난다면 아마 현실적인 이야기는 별로 나누지 못하고 뭔가 나와는 다른 세계의 사람을 만난 듯한 느낌을 받을 수도 있다. 쫓아가기 힘든 발상을 하는 바람에 이해가 되지 않을 때도 있다.

이런 현상에 대해서 일부의 직관형들은 "지도자는 한 명이면 돼. 그래서 우리는 숫자가 적은 거야"라며 확인되지 않은 자신감을 보이기도 한다.

반면 직관형들은 감각형들이 너무 현실에만 집착해서 가능성을 보지 못한다고 안타까워한다. 한 걸음 물러나서 바라보면 해답이 보이는 것을 뭘 그렇게 아등바등하느냐는 것이다.

실례로 서울 한강변에 늘어선 고가의 건물과 주택들을 보면서 감각형들은 "저 많은 집들 중에서 내 집이 하나 없다는 거야?"라며 현실에 한숨 쉴 때, 직관형들은 "저 성냥갑 같은 곳에서 뭐하고 사는 거야?"라면서 부러워 하기는커녕 관심을 두지 않는 경우가 많다.

직관형이 선호하는 커뮤니케이션 스타일과 대응 전략

- 증거나 사실보다는 큰 문제에 관한 보편적인 체계를 먼저 제시하는 것을 좋아한다. → 대화의 전개는 연역적으로 시작한다. 보편적인 이야기부터 출발해서 개별적인 사실을 늘어놓는 것이다.
- 대화를 촉진하는 데 상상력과 통찰에 의존한다. → 경험보다는 자신만의 생각, 느낌을 말할 때 더 동조해준다.
- 우회적으로 말한다. → 사례를 곧바로 제시하지 말고 비유를 든다.
- 대화할 때 주제를 뛰어넘으려 한다. → 가끔 제자리로 돌아오도록 상기시킨다.

인구통계학적 측면에서는 감각형의 분포가 많고 실제 의사들의 유형도 감각형이 많다고 예측이 되지만, 의사들은 또한 직관형을 많이 선호하는 모습을 보이고 있다(대한민국 평균 직관형 비율 = 약 25.4%).

현재의 환자 상태와 의술에 대한 현실감을 잃지 않기 위해서는 당연히 그럴 수밖에 없지만 의사로서의 '지성, 지식'에 대한 열망은 항상 있음을 알 수 있다.

지적인 것은 깊은 통찰력을 요구하기 때문에 이에 대해 동경하고, 평소 노력을 하고 있음도 예상해볼 수 있다. 그리고 미래를 내다볼 줄 아는 거시적 사고를 통해 의료인으로서의 소양을 갖추고자 노력하고 있을 것이라는 점도 예상이 된다.

또한 일반적으로 과학 방면의 직업군들에서 직관형의 비율은 다른 직업군에 비해서 높다.

구 분	감각형 영업사원	직관형 영업사원
선호비율	67.0%	33.0%
특징	여자 의사가 감각형 더 선호	
	내과, 외과 의사가 감각형 더 선호	

출처 「성격유형과 영업성과와의 관계에 관한 연구—제약기업을 중심으로」
이영철, 아주대학교 경영대학원, 2005, 석사 논문

심리적 권력은 누가 더 갖고 있을까

"일에다 니 마음을 맞춰야지"

갑자기 본부장이 프로젝트 팀을 맡으라는 지시를 내렸다. 본사 마케팅부와는 별개로 6개월만 신약 마케팅 프로젝트를 맡아서 이전과는 다른 전략을 개발해보라는 것이다.

'드디어 팀장이 되는구나. 프로젝트 팀이면 어때. 보란 듯이 나의 능력을 보여줘야지.'

팀은 나를 포함 총 8명. 차출된 7명은 남자 4명, 여자 3명이다. 친하지는 않았어도 평소 잘 알고 지냈던 사람들이라 팀을 이끄는 게 어렵지만은 않을 것 같았다.

프로젝트가 본격적으로 시작된 지 한 달쯤 되었을 때, 전략을 세우고 실행 계획을 짜고 있을 즈음이었다. 팀의 막내인 김 군이 씩씩거리면서 서류를 책상에 집어 던졌다.

"뭐야?"

"아, 계셨어요? 죄송합니다."

"무슨 일 있어?"

"파리지엥 선배 말이에요. 같이 일 못하겠어요. 우리 사정도 좀 봐가면서 하면 좋겠어요. 원리 원칙도 좋지만 의견이 안 맞아서 좀 툴툴거렸더니 저보고 '일에다 니 마음을 맞춰야지. 니 마음에 일을 맞출 거야? 싫으면 니가 나가면 되잖아' 하는 거예요."

파리지엥이라면 회사에서 멋쟁이로 소문난 그녀가 아닌가. 파리지엥은 그녀의 별명이다.

'그 사람이 그렇게 말했단 말야? 의원데. 그런데 그 말이 뭐 잘못됐나. 말이 좀 심하긴 했지만 팀 목표를 위해서라면 할 수 없잖아.'

팀원의 사기도 중요하지만 6개월 안에 목표를 달성해야 하는 걸 생각하면 김 군이 섣불리 화를 내고 있는 것 같았다.

"참아. 어쩌겠어. 일하다 보면 그럴 수도 있지. 그런 일에 상처 받지 마."

"정 팀장님, 팀장님은 제가 그런 일로 상처 받는 사람으로 보이세요? 저는 화가 난 거라고요. 팀장님 말씀이 더 섭섭합니다. 제가 쉽게 상처 받는 그런 사람으로 보이시냐고요?"

'아차, 김 군은 내 말에 더 상처를 받았나 보다. 더군다나 남자인데 쉽게 상처나 받는 사람으로 보이는 게 싫겠지.'

퇴근 무렵 파리지엥이 나에게 면담을 요청했다. 말을 듣자니 김 군이 종종 감정적으로 일을 대하고 남들 의견에 너무 신경을 쓰는 데다 정작 자기가 의사 결정을 해야 할 때는 단호하지 않다는 것이었다. 맺고 끊는 게 분명하지 않아서 때로는 무슨 결정을 했는지 재차 확인해야 한단다.

"그래도 김 군은 따뜻하고 정이 많은 사람이잖아. 그건 파리지엥도 알잖아."

"네, 알아요. 하지만 지금은 정 따위가 중요한 때가 아니죠. 이번에 행사를 진행할 거래처하고 관계도 그래요. 아직 신입 티를 못 벗은 탓도 있지만, 명확하게 요구를 안 하고 거래처 사정만 봐주다 보니까 어떨 때는 일에 차질이 생긴다니까요."

파리지엥의 말은 날카로웠다. 똑 부러지다 못해 손이라도 베일 것 같았다.

'구구절절 옳은 말이지. 나도 그렇게 생각해. 그래도 난 그렇게까지 말은 못하겠던데 암튼 파리지엥 대단해. 흐흐.'

"알았어. 내가 김 군이랑 좀 얘기해볼게. 자네도 성질 좀 죽여."

'숙제가 하나 생겼군. 그냥 일만 하면 되겠구나 했더니 마음 달래가면서 일해야 할 사람이 생겼으니. 그래도 김 군은 팀원들에게 살갑게 대하는 덕에 우리 팀에서 인기남이지 않은가.

가끔 작은 이벤트도 마련해서 분위기를 띄우고 항상 밝게 웃는 사람이었는데 그동안 파리지엥에게 참았다가 이번에 폭발했나 보다. 평소 순한 사람이 한 번 화내면 무섭다고 하더니 그 말이 맞나 보네. 김 군을 평소에 싫어하는 사람은 없었던 것 같은데 일을 같이 하다 보니깐 힘든 점도 있네.'

"이봐 김 군, 자네가 좀 참아. 대신 일할 때는 좀 객관적으로 접근해. 모든 사람 사정을 어떻게 다 봐주나?"

"저는요, 아무리 일이 중요해도 사람 마음 다치게 하면서까지 일하고 싶진 않아요. 일보다는 사람이 먼저잖아요."

"하지만 지금은 일이 먼저잖아."

"아니에요. 마음을 맞춰가면서도 얼마든지 일할 수 있다고요."

"언제 그렇게 다 맞춰가면서 해?"

"파리지엥 선배랑 똑같은 말씀을 하시네요?"

"!!!"

당신과 김 군은 「결정을 위해 중요시하는 기준」이 다르네요.

결정을 위해 중요시하는 기준

나 & 파리지엥	김 군
사고를 통한 논리적 근거를 바탕으로 판단한다.	정서를 통한 사람과의 관계나 상황을 고려하여 판단한다.
목표 달성을 사람과의 관계보다 우선시한다.	목표 달성보다 사람과의 관계를 우선시한다.

'난 상처 받지 말라고 말했을 뿐인데…'

"상처 받지 마." 가끔 친구를 위로한다고 우리는 이런 말을 한다. 그러나 이게 과연 위로의 말일까? 말하는 사람이야 위로의 차원이겠지만 듣는 사람에게는 아닐 수 있다.

그렇다면 나와 파리지엥, 그리고 김 군 사이에는 왜 갈등이 빚어졌을까. 김 군과 우리에게는 무슨 차이가 있는 걸까?

선택을 해야 할 때 무엇을 우선시하는가(판단 기능)

구분	나 & 파리지엥	김 군
특징	의사 결정을 할 때 인과 관계를 파악하여 객관적으로 판단한다.	의사 결정을 할 때 주관적 가치에 근거해 판단한다.
	원리 원칙이 중요하고 이성적이다.	주관적 가치가 중요하고 감성적이다.
	옳고 그름을 비교한다.	좋고 나쁨을 고려한다.
	과업 지향적이다.	관계 지향적이다.
	일의 잘잘못을 잘 분석한다.	사람들의 의견에 잘 공감한다.
선호경향	사고형(T : Thinking)	감정형(F : Feeling)

위 표의 내용을 보면 사고형과 감정형을 구분하는 것은 비교적 쉽다는 것을 알 수 있다. 특히 회사와 같이 업무로 관계가 맺어진 곳에서는 구분이 더욱 용이할 것이다. 많은 유형의 사람들이 섞여 있기 때문에 학창 시절 친구들 사이의 구분이 수월했던 것처럼 이것도 그렇다. 많은 설명이 필요 없을 것 같다.

사고형과 감정형은 자칫하면 크게 갈등을 일으키기 쉽다. 대표적으로 "일 중심이냐? 사람 중심이냐?"를 두고 구분하기 때문에 더욱 그렇다. 그러나 이 역시 성격 유형에 대한 오해다.

각 유형의 오해와 진실에 관한 내용을 통해 서로 두 유형을 이해하는 데 도움을 받아보도록 하자.

사고형과 감정형에 대한 오해와 진실

구 분	감정형들의 오해	사고형들의 진실
사고형 (T)	정이 없고 냉정해!	우린 깊은 정이 있어.
	간단명료해서 삭막해!	효율성을 추구할 뿐이야.
	감성이 부족해!	감성 때문에 자칫 잘못된 결정을 내릴 수도 있어.

구 분	사고형들의 오해	감정형들의 진실
감정형 (F)	너무 우유부단해!	다른 사람의 마음이 걱정돼서 그래.
	일보다 사람부터 사귀려고 해!	사람과 조화가 되어야 일이 잘돼.
	눈물이 많아!	당신에게 공감하고 있기 때문이야.

자신이 어떤 유형인지 쉽게 추측이 되는가? 만약 추측이 쉽지 않다면 성격 유형 구분을 위한 아래 질문에 답해보자.

1. 능력에 대해 칭찬할 때가 좋은가, 사람됨에 대해 칭찬할 때가 좋은가?
2. 일을 잘했을 때의 보상, 사람들의 요구를 들어줬을 때의 보상 중 어떠한 것을 더 보상이라고 생각하는가?

각 1, 2번의 질문에서 앞의 질문에 대한 YES 대답은 사고형이고 뒤 질문에 대한 YES 대답은 감정형이다. 사고형과 감정형은 일상생활에서나 업무에서나 서로 갈등을 일으키는 대표적인 케이스지만, 재미있는 것은 사고형과 감정형은 서로 '다름'으로 인해 서로 끌린다는 것이다. 아이러니한 일이 아닌가? 물론 이는 순수한 인간관계에서만 그렇다는 것이고, 고객과의 영업 현장에서 그대로 적용되는 것은 아니니 주의하기 바란다.

고객을 대할 때는 사고형처럼 논리 정연하고 이성적으로 보이는 것이 좋을 수 있다. 하지만 이는 업무상의 관계에서나 그렇지, 고객과 인간적인 관계를 좀 더 끌어내고 싶어하는 사람에게는 다른 전략이 필요할 것이다.

사고형이라고 해서 같은 사고형을 좋아하는 것도 아니고, 감정형이라고 해서 같은 감정형을 무조건 좋아하는 것도 아니다.

- 자신의 선호 경향을 찾았는가?(정 대리는 사고형(T)의 선호 경향을 가지고 있다.)
- 회사나 조직이 요구하는 유형이 아닌 실제 본인의 유형을 찾아야 한다.
- 고객과 내가 서로 중요시하는 점이 달랐다면 나와 반대 유형일 가능성이 있다.
- 자신에게는 사고형과 감정형의 특징이 모두 있음을 기억하라. 중요한 것은 어떠한 상황에서 특정 유형을 사용해야 하는지 아는 것이다.

지적 논평의 전략인가, 우호적 협조의 전략인가

사고형의 의사 : 결론만 간단하게 말하라 | 사고형은 소위 '바른 대로 말하는 사람'이다. 예전에 의사들의 모임에 초청돼 회원을 대상으로 몇 차례 세미나를 진행한 적이 있다. 일종의 병원 경영 스터디 그룹이라고 보면 될 것 같다. 그때 '성격 유형이 병원 경영에 미치는 영향'이라는 주제로 이야기를 나누고 있었는데, 참 재미있는 일이 있었다.

심리 테스트 결과 10명의 의사 모두 사고형(T)으로 나타났는데, 커뮤니케이션 할 때는 이 사고형 의사들이 서로 사고형을 싫어한다고 토로한 것이다. 자신들의 배우자도 모두 감정형(F)이라면서 말이다(물론 배우자의 성격 유형은 자신들이 '예측'한 것이다).

그렇다면 사고형은 큰 문제라도 안고 있는 건가?

사고형은 일할 때는 더없이 훌륭한 파트너가 될 수 있다. 하지만 인간관계를 맺거나 일하면서 소통할 때는 썩 편한 파트너는 아닐 수 있다. 커뮤니케이션 할 때 사고형이 갖고 있는 중요한 판단 기준 중의 하나가 '다소 상처가 되더라도 사실대로 이야기해주는 것이 상대방에게 도움이 된다'는 것이기 때문이다.

사고형은 상처를 줄 의도가 전혀 없고 상대에게 도움을 주고 싶어서 한 말인데 소통 과정에서 그렇게 되는 것이다. 그래서 사고형은 남을 잘 배려하지 않는다는 오해를 받기도 한다.

그러나 쉽게 드러나지는 않지만 사고형에게는 '깊은 정'이 있다. 물론 이는 평소 사랑이나 우정보다는 '신뢰'라는 이름으로 드러난다.

사고형이 선호하는 커뮤니케이션 스타일과 대응 전략

- 간단하고 요약된 것을 좋아한다. → 결론부터 말하라. 사고형은 시간을 그냥 흘려보내는 것을 못 참는다.
- 각 주제들에 대해서 장단점을 열거해 비교하기를 원한다. → 의사 결정을 하도록 할 때 장단점을 솔직하게 보여준다. 사고형은 솔직함을 신뢰한다. 장점만 나열하면 오히려 신뢰를 깎는다.
- 느낌보다는 판단을 근거로 해야 신뢰한다. → 말을 할 때 "제 느낌에는"보다 "제 생각에는", "제 판단에는"이란 표현을 써라.
- 쉽게 설득을 당하지 않지만 논리 정연한 주장에는 설득 당한다. → 철저한 논리적 전략이 필요하다.

감정형의 의사 : 친절과 배려, 칭찬을 부탁해요 | 감정형은 '가슴에서 느끼는 대로 말하는 사람'이다. 감정형은 대화할 때 따뜻하고 편안한 느낌을 준다. 앞서 사고형의 의사들 모두 감정형의 배우자를 택한 것은 '끌림'에 의한 것이라고 할 수 있다(심리 검사 결과를 토대로 배우자를 찾지는 않았을 테니 말이다).

물론 우리는 자신과 똑같은 유형을 좋아할 수도 있고 반대 유형을 좋아할 수도 있다. 자신과 똑같은 유형을 좋아하는 것은 '편안함' 때문이고, 반대 유형을 좋아하는 것은 '매력' 때문이다.

감정형은 편안함을 주는 동시에 반대 유형인 사고형에게는 자신들조차 갈구하고 있는 인간적인 따스함이 매력으로 다가온다. 때문에 사고형조차 인간관계에서는 감정형을 편하게 생각한다.

감정형도 자신에게 부족한 이성적이고 냉철한 모습을 사고형에게서 찾으면서 무의식적 균형을 이루고자 하기 때문에 사고형에게 매력을 느낀다.

그러나 감정형은 커뮤니케이션에 있어서만큼은 사고형을 그다지 편하게 생각하지 않는다. 앞서 언급했듯 사고형은 '다소 상처를 받더라도 솔직하게' 말해주는 바람에 감정형이 상처를 많이 받는다. 또 사고형은 상대방이 상처 받는지조차 모르고 있기도 하다.

반대로 감정형은 상대방의 감정에 먼저 신경을 쓴다. 감정형은 '선의의 거짓말로 얼버무리는 것'을 택한다. 심할 경우에는 자신의 감정은 숨긴 채 지나치게 타인의 감정만 신경 쓰다가 스스로 상처를 받기도 한다.

그런데 사고형은 '얼버무리는 것'을 제일 싫어한다. 그렇다고 감정형의 커뮤니케이션 방식이 항상 바람직한 것은 아니다. 감정형은 많은 경우 자신의 의견을 '똑 부러지게' 말하지 않아서 오해를 일으켜 상황을 지지부진하게 이끌어갈 소지가 있다.

나중에 다루겠지만, 우리가 커뮤니케이션을 할 때 가장 효율적인 방법은 어느 한 쪽의 유형이 가지는 방식만이 아닌, 상반되는 두 유형이 최적의 조합을 이루도록 하는 것이다.

감정형이 선호하는 커뮤니케이션 스타일과 대응 전략

- 사교적이고 친절한 것을 좋아한다. 밥보나 칭찬을 더 좋아할 정도다. → 대화가 시작되자마자 일 얘기부터 꺼내지 마라. 공감이나 칭찬부터 하라.
- 각 주제가 사람들에게 어떤 영향을 미칠지 알고 싶어한다. → 의사 결정을 요구할 때 그 결과로 인해 사람들이 어떠한 혜택이나 감정을 갖게 되는지 함께 말하라.
- '저 사람이 혹시 상처 받으면 어쩌지?' 하고 말을 못하는 경우가 많다. → "솔직히 말해주세요"가 아니라 "제가 좀 더 주의해야 할 것이 있을까요?"라고 물어보라.
- '느낌'을 중시한다. → 말을 할 때 "제 느낌에는", "제가 느끼기에는"이라는 표현을 쓴다.

아래 결과를 보면 실제로는 사고형의 비율이 통계학적으로도 더 많음에도 각자가 선호하는 유형은 감정형의 비율이 매우 높음을 알 수 있다.

앞서 커뮤니케이션 전략에서도 잠깐 언급을 했지만, 커뮤니케이션은 내용도 내용이지만 소통의 방식이 중요하기 때문에 그 점에 있어서는 감정형에 대한 선호가 높다고 할 수 있겠다.

또한 바쁜 의사일수록 사고형을 더 선호한다고 볼 수 있는데, 이것은 그 의사가 꼭 사고형의 영업사원을 선호한다고 볼 수도 있지만, 병원의 환경상 '사고형처럼 행동하는' 영업사원을 선호한다고 볼 수도 있다. 바쁘니까 간단명료하게 얘기하자는 뜻일 것이다.

구 분	사고형 영업사원	감정형 영업사원
선호비율	53.4%	46.6%
특징	일일 평균 내원 환자가 많을수록 사고형 더 선호	여자 의사가 감정형 더 선호

출처 「성격유형과 영업성과와의 관계에 관한 연구 – 제약기업을 중심으로」
이영철, 아주대학교 경영대학원, 2005, 석사 논문

계획대로 안 된다고 속 터지면 안 된다

예고 없는 방문을 싫어하는 의사 Vs. 계획대로 방문할 수밖에 없는 나

내 수첩에는 일주일간의 영업 일정이 빼곡히 적혀 있다. 정기 회의와 특별 세미나 일정 외에는 요일별로 방문해야 할 병원 이름을 적어놓았다.

2주일에 한 번, 혹은 한 달에 한 번 병원에 방문하도록 일정이 잡혀 있다. 이렇게 하지 않으면 정말이지 그 많은 병원과 의사들을 도저히 방문할 수 없다.

난 정말 시간을 쪼개고 쪼개서 낭비 없이 활용하고자 각별히 시간 관리를 한다고 자부까지 할 수도 있다. 그러나 전쟁터 같은 영업 현장이 내 뜻대로 되지는 않지. 난 계획대로 움직이지만 내가 방문해야 하는 병원과 만나야 하는 의사는 내 시간에 맞출 수 없다.

그렇다고 일일이 전화해서 미리 방문 약속을 잡을 수도 없다. 우리의 현장은 오히려 전화를 하고 미리 약속 시간을 잡는다는 것이 불가능하지 않던가?

오늘도 여전히 1시간의 대기 시간은 기본이다.

직원이 불러준다.

"뽀뽀뽀 들어가세요."

'뽀뽀뽀 제약사도 아니고 그냥 뽀뽀뽀라니… 쯧쯧. 호칭 예절도 기본이 안 되네.'

속으로 투덜거리며 진료실로 들어선다.

국원장님 진료실은 정말 깨끗하다. 반짝반짝 윤이 난다고나 할까? 여기서 진료한 지 족히 15년이 되었는데도 깨끗하다. 갑자기 건너편 동 원장님 진료실이 생각난다.

'벽 쪽 책장의 책들 위에 가로로 끼워져 있는 논문집들. 미어 터져서 곧 떨어질 것 같았지.'

창문 블라인드 아래쪽 작은 공간에도 여지없이 논문 자료들, 세미나 자료들이 차곡차곡 쌓여 있다.

지난번 우리 회사 세미나 신청서를 드린 적이 있는데 마감일에 임박해서 받으러 갔더니 겨우겨우 서류 더미에서 찾아내 그제야 작성하셨던 적이 있다. 이미 신청서 귀퉁이는 누렇게 바래 있었다.

그에 비해 국 원장님은 이런 건 정말 칼 같은 분이시다. 세미나 신청서 같은 건 미리미리 제출하셔서 일부러 받으러 갈 일도 없고, 오더도 분명하고 정확하게 하신다. 이 점에 대해서는 믿음직스러운 분이시다.

그러나 한 가지 아쉬운 점이라면 자신의 결정 사항에 대해서도 칼 같은 분이시다 보니 새로운 신약 마케팅으로 접근하고 싶어도 기존 결정 사항을 끝까지 고수한다는 것이다.

경쟁사 입장에서야 국 원장님께 고마워해야 할 일이지만 나로서는 그 결정을 우리 쪽으로 기울게 하기까지 설득을 하기가 쉽지 않다. 쉽지 않은 정도가 아니라 열 번 찍을 나무를 100번 찍을 각오를 해야 한다.

국 원장님은 좋게 보면 심사숙고하는 것이지만, 다른 것에 대해서 융통성을 보여주시지 않아서 아쉽다는 것이다.

국 원장님은 자신의 계획에 대해서도 확고하다. 병원을 방문해도 늘 오래 기다려야 한다는 것이 기정사실이다.

"우리 원장님은 갑자기 누가 찾아오는 거 싫어하세요. 본인도 그날의 계획이 있다 보니깐 진료 사이사이에 시간이 좀 생긴다 해도 그날 계획대로 움직이고 싶어하시지 자신의 계획이 틀어지는 걸 싫어하세요. 갑자기 누가 오면 뒤로 갈수록 시간이 밀려버리잖아요."

그래, 국 원장님은 내가 방문할 때도 자주 "시간이 얼마나 걸리겠나?" 하고 먼저 묻는다. 내가 의자에 엉덩이도 붙이기 전에 말이다.

국 원장님과 나의 관계가 그렇게 말해도 내가 감수해야 하는 사이이기 망정이지 국 원장님이 늘 그러신다면 인간관계 잘하시기 힘들겠다는 생각이 들 정도이다.

한편 건너편 동 원장님.

"원장님, 평소 언제 방문하면 편하시겠습니까? 제가 고려해서 시간 계획을 잡겠습니다."

"아무 때나 와요. 뭐 특별히 언제가 환자가 좀 적다고 해도 날마다 같을 수야 있겠어? 그날그날 사정까지야 어떻게 미리 챙기겠어? 자네도 좀 기다릴 수도 있고 금방 만나고 갈 수도 있다고 각오는 하고 편하게 생각하고 와요."

어지러운 진료실 방 모습이나 시간 개념이나 비슷하다는 느낌이 들었다.

"아무려면 어때?" 하던 동 원장님 말씀이 오늘 국 원장님 병원에서는 더욱 큰 소리로 환청처럼 들리는 것 같다.

국 원장님과 당신은 「선택하는 생활양식」이 다르네요.

선택하는 생활양식

국 원장님	나 & 동 원장님
갑작스러운 일을 싫어하며 사전 통보를 원한다.	갑작스러운 일을 즐기며 마지막 순간의 변화에 적응하기를 좋아한다.
미리미리 준비해서 여유롭게 끝낸다.	마지막 순간에 집중해서 끝낸다.
어떤 일을 시작하기 전에 미리 계획을 세운다.	어떤 일을 미리 시작하고 본다.

국 원장님, 너무 그렇게 독촉하지 마세요!

고객의 생활양식을 이해한다면 우리 각자의 생활양식을 오히려 더 잘 활용해서 스트레스를 덜 받으면서 일할 수 있다. 이유도 모르고 상대방한테 맞추기 힘들다고만 하면 나만 고생이다.

나는 왜 국 원장님 스타일이 힘들지?

외부 자극에 어떻게 대처하는가

구 분	국 원장님	나 & 동 원장님
특 징	생활 속에서 '판단 기능'을 주로 사용한다. (T와 F 기능) →결정하고 선택하는 데 더 할애한다.	생활 속에서 '인식 기능'을 주로 사용한다. (S와 N 기능) →정보를 수집하는 데 더 할애한다.
	짧게 인식하고 빨리 결정한다.	오랫동안 인식하고 천천히 결정한다.
	외부 자극에 대해 빨리 판단하고 결정하여 확고하게 해두려고 한다.	결정을 보류하고 외부 정보 자체에 관심이 많아 관련 정보를 계속 수집하고자 한다.
선호경향	판단형(J : Judging)	인식형(P : Perception)

나는 이런 국 원장님의 방식이 업무에 지장을 주지 않아서 좋긴 하다. 하지만 현장 영업 일이라는 게 내 뜻대로 딱딱 진행되는 게 아닌데도 국 원장님이 "빨리 안 해주냐?", "마감일 전에 가능한 한 빨리 해줘" 하면서 독촉할 때는 '국 원장님, 참 융통성도 없네' 하면서 숨이 막혔다.

국 원장님과 나, 그리고 동 원장님의 생활 속 모습을 보면 두 유형의 구분이 쉬워질 것이다.

판단형과 인식형의 생활 속 모습과 이유

구분	생활 속 모습	이유
판단형 (J)	책상 주변 등 업무 환경이 정돈되어 있다.	조직적이고 구조적인 환경을 선호한다.
	무슨 일이든 미리 끝낸다.	미루면 불안하고 스트레스를 받는다.
	일이든 여행이든 계획을 세우는 것을 좋아한다.	계획에 따라서 일할 때 잘해내기 때문에 스스로 즐겁다.
인식형 (P)	책상 주변 등 업무 환경이 어수선하다.	조직적이고 구조적인 것을 불필요한 규정이라고 생각한다.
	마감일이 되어서야 일을 마친다.	머릿속으로 어떻게 일을 해나갈지 생각 중이다.
	계획을 세우는 것이 즐겁지 않다.	뭔가 변화무쌍한 에피소드가 일어나는 것을 좋아하며, 갑작스러운 일에 더 능력을 발휘한다.

이 두 유형의 특징을 살펴보았을 때 영업 담당자들은 두 유형 모두에서 만족감을 얻을 수 있다. 단, 만족감과 즐거움을 느끼는 이유가 다를 것이다.

당신이 판단형이라면 체계적이고 조직적인 업무 스타일과 영업에 대한 분명한 목적의식과 방향에 따라 성취를 하는 데서 만족감을 느낄 수 있다.

당신이 인식형이라면 변화무쌍하고 실감 나는 영업 현장에 있다는 느낌과 오늘 아침 눈을 떴을 때 '과연 오늘은 계획에도 없던 어떤 재미있는 일이 일어날까?' 기대하면서 현장 영업의 재미를 느낄 것이다.

모든 유형이 그렇듯 이 두 유형도 상호 대치되는 것이 아니라 상호 보완적인 매우 소중한 유형이다.

- 자신의 선호 경향을 찾았는가?(정 대리는 인식(P)의 선호 경향을 가지고 있다.)
- 인식형은 비계획적인 특성 때문에 때때로 사람들 사이에서 갈등을 일으킬 수 있다.
- 자신에게는 판단형과 인식형의 특징이 모두 있음을 기억하자. 단, 둘 중 하나는 당신에게 스트레스를 덜 줄 것이다. 그것이 당신의 유형이다.

결론 중시의 전략인가, 과정 중시의 전략인가

판단형의 의사 : 일정과 수순에 따르라

"지금 몇 시예요?"

"음, 10시."

"아니야, 9시 48분이야."

주변 사람에게 지금 몇 시냐고 물어보자. 시간을 분 단위까지 알려주는 사람이 있을 테고, 대충 가까운 시각에 맞춰서 말하는 사람이 있을 것이다.

'보다 자주' 정확한 시간을 알려주는 사람이라면 그는 판단형일 가능성이 높다. 그러므로 판단형에게는 보다 '정확한' 정보와 사실을 알려주어야 한다.

판단형의 고객이 당신에게 오더 등의 요청을 하면 당신은 고객이 요구한 일정을 꼭 지켜야 할 것이다. 요청의 내용도 중요하지만 이들에게는 자신의 요청 사항이 자신이 계획했던 일정에 맞게 진행되는지가 중요하므로 일정을 맞춰주는 것은 매우 중요하다.

고객이 요구한 일정을 소화하기 힘들 때는 마감일 당일에 알려주면 안 된다. 반드시 중간에 일정이 미루어진다는 것을 알려야 한다. 그렇지 않으면 고객은 당신을 '믿기 힘든 사람'이라고 평가할 수 있다.

판단형이 이렇게 일정이나 계획을 중요시하는 이유 중의 하나는 그것을 통해서 자신의 다음 계획을 실행시킬 수 있기 때문이다. 이들에게 일정을 어긴다는 것은 나머지 계획이 모두 틀어진다는 것을 뜻하므로 예민하고도 중차대한 문제일 수밖에 없다.

영업노트

판단형이 선호하는 커뮤니케이션 스타일과 대응 전략

- '신속, 정확, 그리고 휴식'이 수순을 즐긴다. → 이미 끝낸 것에 태클을 걸지 말라. 일 처리가 정확했던 만큼 결정을 뒤집기란 쉽지 않다.
- 향후 계획을 궁금해하고 계획 세우기를 즐긴다. → 항상 사전에 통보하되 확정되었을 때 알려줘라. 일정의 번복을 줄여야 한다.
- 자신의 의견을 분명하게 진술한다. → "확실합니다"라는 표현을 쓰면 신뢰를 높일 수 있다. 어쩔 수 없이 의견을 바꿔야 하면 적절한 구실을 만들어라.
- 데드라인을 말하는 것을 즐긴다. → 고객이 최종 기일을 언급하지 않았다면 당신이 정한 일정을 먼저 말해도 좋다.

인식형의 의사 : 결론을 강요하지 말아줘

"원장님, 약속하신 시간과 분량 지켜주셔야 합니다."

"알았어. 그런데 너무 꼭 그 날짜에 되리라 기대하지는 마. 그때까지 아직 여유는 많긴 한데 무슨 일이 있을지도 모르니까. 암튼 시간 되는 대로 양껏 맞춰볼게."

혹시 이런 의사 고객이 있는가? 그렇다면 당신의 고객은 인식형(P)의 선호 경향을 갖고 있다. 이들은 대개 약속을 해도 시간을 명확하게 정하지 않는다. 예를 들면 "11시에 만나자"가 아니라 "11시에서 11시 30분 사이에 만나자"고 한다.

인식형 고객에게 오더 등의 요청을 해야 할 때는 융통성 있게 시간을 제시하는 것이 좋다. 그래야 편해 한다. 사실 이들은 정확하게 시간을 맞추기도 어려울 것이다.

그런데 대부분의 조직 생활이나 업무 활동에서 사회적으로 우리는 인식형보다는 판단형의 스타일에 맞게 생활하고 있음을 알 수 있다. 사회가 그것을 요구하고 있기 때문이다. 그래서 인식형에게는 이런 요구들이 알게 모르게 스트레스가 되기도 한다.

다시 돌아와서, 인식형의 고객과 대화할 때는 보다 '자유로운 분위기'를 만드는 게 좋다. 인식형은 보통 다방면에 관심이 있다. 이들은 소위 '자유주의자'이고 "확실해"보다 "글쎄…"라는 말을 자주 쓴다. 몰라서 그러는 것이 아니라 다른 일이 발생할 가능성을 열어 두고 있어서다.

즉, "내가 약속을 정확하게 지킬 수 있을지 모르는데 자네한테 너무 확신을 심어주면 안 될 것 같아"라는 의미이기도 하다.

업무 관계가 아니라면 인식형은 일상에서는 자유스러움과 여유를 주기 때문에 '선입견이 없는 사람, 재미있는 사람, 융통성 있는 사람'으로 평가 받는다.

인식형이 선호하는 커뮤니케이션 스타일과 대응 전략

- '무활동(inaction) 그리고 신속, 정확'의 수순을 즐긴다. 이때의 '무활동'은 시간을 두고 심사숙고 하는 것이다. → 빨리 결정하라고 재촉하지 말라. 닦달하면 도망간다.
- 갑작스러운 일, 특히 마지막에 바뀌는 것을 즐긴다. → 깜짝 이벤트를 해도 괜찮다. 생각지 못 했던 것에 감동한다.
- 자신의 의견은 바뀔 수도 있다면서 여러 대안을 이야기한다. → 한 가지의 결론을 말하기보다는 여러 정보를 주고 결정을 유도하라.
- 결정하는 데 최종 기일을 두면 스트레스를 받는다. → 여유를 두고 마감 기일을 알려라. "천천히 편하게 생각하시고 결정해주십시오"라고 표현하라. 고객 자신의 어떤 선택도 자유롭게 이루어 질 것이라는 분위기를 조성하라.

앞서 말한 바 있지만, 사회적 요구는 대부분 판단형의 스타일을 선호한다. 치열한 영업 현장의 담당자도 실제로는 인식형이더라도 원활한 업무 수행을 위해서 판단형처럼 행동하고 있을 것이다.

의사들도 '정확하게, 똑 부러지게, 그리고 철저하게 일을 처리하는' 유형의 담당자에게 우선은 신뢰를 가질 것이다. 또한 판단형은 인식형에 비해서 표면적으로 '단정함'이 더 느껴진다. 그러한 단정함에서 고객이 먼저 신뢰를 가지는 것은 당연하다

개원가 의사들이 판단형을 더 선호하는데 자신이 경영자의 위치에 있기 때문에 본인의 성격과는 상관없이 판단형을 선호하게 된다.

여성들의 경우도 성격과 상관없이 남성들보다는 좀 더 판단형의 행동 경향을 보인다. 가정에서 살림을 잘하는 모습이나 회사에서 깔끔하고 섬세하게 일 처리를 하는 모습에서 판단형의 경향을 보다 쉽게 관찰할 수 있다. 그리고 젊을수록 보다 자유스럽고 융통성 있는 태도를 좋아하는 것으로 볼 수 있겠다.

구 분	판단형 영업사원	인식형 영업사원
선호비율	70.5%	29.5%
특징	개인의원 의사일수록 판단형 더 선호	경력 5년 미만일수록 인식형 더 선호
	여자 의사들이 판단형 더 선호	

출처 「성격유형과 영업성과와의 관계에 관한 연구 – 제약기업을 중심으로」
이영철, 아주대학교 경영대학원, 2005, 석사 논문

16가지 성격 유형

보호자적 전통주의자(SJ기질 사용자)

콩 심은 데 콩 나고 팥 심은 데 팥 난다(ISTJ 유형) | 원리원칙주의자. 보수적이며 사실에 민감하고 체계적으로 일한다. 신중하고 침착하며 책임감이 강하다. 현실 감각이 좋고 집중력이 뛰어나며 문제를 해결할 때 과거 경험을 잘 적용하고 반복 업무에 대한 인내심이 강하다.

정확성과 조직력을 요하는 분야에서 능력을 발휘하며 위기 상황에서도 안정감이 있다.

이 결정대로 밀어붙여(ESTJ 유형) | 가히 '메가톤급 불도저' 감이다. 현실 감각이 뛰어나며 일을 계획하고 추진하는 능력이 좋다. 기계, 행정 분야에 재능이 있으며 체계적으로 조직을 이끌어 나간다. 타고난 지도자로서 일의 목표를 설정하고 지시, 결정, 이행하는 데 탁월하다.

미래의 가능성을 보기보다는 현실적이고 실용적이다. '하는 것은 모두 잘해야' 하며, 시작한 일은 싫증나더라도 마무리하는 성취 지향형이다.

남을 배려하기 위해 태어났어요(ISFJ 유형) | '현모양처' 스타일이다. 온 정적, 헌신적이고 침착하며 인내심도 많고 책임감이 강하다. 남의 감정이나 사정을 배려할 줄 알며 인간관계도 조화를 중시해 이를 위해 가장 노력하는 유형이다.

모든 일을 계획하고 움직이므로 매사에 실수가 적다. 남에 대한 관심이나 관찰이 요구되는 분야에서 능력을 발휘한다. 의료인이 이 유형이라면 환자에게는 가장 따뜻하고 편안한 사람들이다.

우리는 칭찬을 먹고 삽니다(ESFJ 유형) | 봉사 정신을 타고났다. 친절하고 동료애가 강하다. 일이나 사람 문제로 냉철한 입장을 취하는 것을 어려워하며 대화를 즐기고 마음이 따뜻해 인화를 잘 이룬다. 사람을 대하는 분야, 특히 간호나 의료 분야에 적합하다. 능동적이어서 힘든 일이라도 남에게 미루지 않고 솔선수범한다. 참을성이 많고 정리 정돈을 잘한다.

행동 중심적 경험주의자(SP기질 사용자)

쓸데없는 데 힘쓰지 마라(ISTP 유형) | 과묵하고 객관적으로 삶을 바라본다. 필요 이상으로 자신의 능력을 발휘하지 않으며 일과 관계되지 않는이상 어떠한 상황이나 인간관계에 직접 뛰어들지 않는다.

겉보기에는 별 생각 없이 조용히 앉아있는 것 같아도 이들은 '일단 조용히 관찰'하고 있을 뿐이다. 가능한 한 에너지 소비를 하지 않으려 하나 민첩하게 상황을 파악하는 데는 탁월한 능력이 있다.

가늘고 길게 사느니 굵고 짧게 살자(ESTP 유형) | '행동하는 삶'을 산다. 강한 현실 감각으로 타협책을 모색하고 문제를 해결한다. 환경 적응력과 순발력이 뛰어나고 많은 사실을 쉽게 기억한다. 개방적이고 사람이나 일에 대한 선입관이 별로 없다. 친구를 좋아하고 운동, 음식, 취미 활동 등 오감으로 느낄 수 있는 것을 즐긴다.

긴 설명을 싫어하고 간단명료한 것을 좋아한다. 논리적으로 분석하면서 일을 처리하고 추상적인 개념에 대해서는 별로 흥미가 없다.

당신의 행복이 나의 행복입니다(ISFP 유형) | 결과가 좋아도 "성격상 참 하기 힘들었습니다"라면서 겸손하게 말한다. 말 없이 다정하고 이해심이 많다. 자신의 의견이나 가치를 남에게 강요하지 않으며 논쟁이나 충돌을 피하고 인화를 중시한다. 남에게 도움이 되는 존재임을 느낄 때 행복해한다.

성격이 너무 밝아서 인생 자체가 행복이에요(ESFP 유형) | "분위기가 가라앉으면 왠지 불안해요. 분위기를 띄워야 한다는 책임감마저 느끼죠."

어느 곳에서도 재미있게 분위기를 조성하는 역할을 한다. 환경 적응력이 뛰어나며 수용력이 강하고 사교적이다.

친절하고 주위 사람이든 일이든 관심이 많아서 어떠한 유형의 사람과도 쉽게 어울릴 수 있다는 자신감을 갖고 있다. 현실 감각이 있고 사람이나 사물을 다루는 데 도움이 되는 상식이 풍부하다. 항상 웃는 얼굴을 볼 수 있다.

이상가적 통찰주의자(NF기질 사용자)

당신의 고통을 나도 똑같이 느낄 수 있습니다(INFJ 유형) | 창의력과 통찰력이 뛰어나며 강한 직관력으로 타인에게 영향력을 행사한다. 이들의 통찰과 상상이 때로는 비상한 경지에 이르기까지 하며 특히 사람에 대해서 더 그렇다. 중후한 인격에 도달한 사람이 많은 편으로 정신적 지도자로서의 이미지가 있다.

학구적이어서 순수 과학, 연구 개발 분야에 재능이 있으며 새로운 시도에 열성적이다. 이 유형이 정신과 의사라면 환자들이 행복할 것이다.

우리 눈에 보이는 것만이 전부가 아니랍니다(INFP 유형) | 과묵하며 마음이 따뜻하고 남을 지배하려는 경향이 거의 없다. 자신이 관계된 일이나 사람에 대하여 책임감이 강하고 성실하며 헌신적이다. 이해심이 많고 관대하면서도 자신의 이상에 정열적인 신념을 갖고 있다.

비판보다는 칭찬하는 것을 좋아하며 인간애가 깊다. 이 유형이 정신과 의사라면 현실적인 문제나 걱정에 집착하지 않도록 이끌어주고 궁극적인 행복을 논하면서 치유해줄 것이다.

하루를 살아도 불꽃처럼 살다 가리라(ENFP 유형) | 만능 엔터테이너이자 나날이 새로움을 추구하는 '에너자이저'이다. 창의적이어서 항상 새로운 가능성을 추구하는 데 지칠 줄을 모른다. 뜻밖의 해결책을 찾아내 불가능해 보이는 일을 해낸다.

반복되는 일은 참지 못하고, 통찰력과 창의력이 요구되지 않는 일에는 흥미를 느끼지 못한다. 주변에서는 항상 흥미진진한 일이 일어나고 있다. 일상이 지루하고 심심하다면 이 사람을 찾아가라.

사랑과 꿈이 행복이다(ENFJ 유형) | 분위기를 좋아하고 정서가 풍부하다. 타고난 '교사형'으로 타인의 성장과 발전에 도움을 준다. 동정심이 많고 사교적이며 인화를 중시한다. 민첩하고 참을성이 많다.

타인의 생각이나 의견에 진지하게 관심을 갖는데 때로는 남도 나와 같을 것이라고 기대하는 경우가 많아 스스로 상처를 받기도 한다. 특히 사랑과 우정에 대해서 더 그렇다.

합리적 사고주의자(NT기질 사용자)

나는 세상의 패러다임을 바꿉니다(INTJ 유형) | 부분을 조합하여 전체적인 비전을 제시한다. 성취욕이 강하고 일을 밀어붙이는 경향이 있다. 사고와 행동이 독창적이며 강한 직관력을 지녔다. 이론과 토론을 좋아하고 연예계 가십조차도 토론으로 만들 정도다.

가치 판단의 기준이 매우 높아 타인이 그의 기준을 맞추기란 쉽지 않다. 이 유형과 대화하다 보면 '완벽'이라는 단어를 곧잘 듣게 된다.

아무리 복잡한 일도 내게는 복잡하지 않아요(INTP 유형) | 전략가 중의 전략가다. 특히 복잡한 일에 정통하다. 과묵하나 관심 분야에 대해서는 말을 잘하며 지적 호기심이 많고 높은 직관력으로 통찰한다. 매우 분석적이고 논리적이며 객관적인 비평을 잘한다. 또 이를 인간관계에도 적용한다.

주제가 있는 대화를 즐기며 요점이 없는 대화는 질색이다. 이들은 "쓸데 없는 수다는 왜 떨죠?"라는 말을 종종 한다.

지금의 한계는 극복해야 할 도전입니다(ENTP 유형) | 재난을 당했을 때 조차도 '가능성'을 본다. 독창적이고 창의적이며 시야가 넓고 박식해 다방면에 재능이 있다. 새롭거나 복잡한 문제를 해결하는 능력이 뛰어나며 대인 관계도 기민하다. 솔선수범해서 새로운 일을 시도하고 변화를 좋아하며 도전적이다. 때론 경쟁적이고 현실보다는 이론에 더 밝은 편이다. 전문가적 기질이 있으며 논리적이고 분석적이며 불꽃 튀는 토론을 좋아한다.

나를 따르라. 후회 없이 만들어주마(ENTJ 유형) | "우린 맘만 먹으면 다 할 수 있어요"라고 할 만큼 매사에 자신감이 있다. 비전을 가지고 사람들을 활력 있게 이끌어가는 '지도자형'으로 지시나 명령을 내리고 타인을 가르치는 것을 즐긴다. 남을 잘 설득하지만 설득 당하지는 않는다.

솔직하고 활동적이며 통솔력과 결정력이 있고 장기적인 계획과 거시적인 안목을 선호한다. 이들과의 대화에서는 '완성, 목표, 일정, 단계, 독려, 극대화, 최적의 방안' 같은 말을 자주 들을 수 있다. 1인 3역을 해내는 철두철미한 사람들이다.

※ MBTI의 저작권, 상표권, 출판권은 미국 CPP사에 있으며, 국내 MBTI의 출판권과 상표권은 CPP 사와의 계약에 의해 (주)어세스타가 보유하고 있습니다. 본 자료는 어세스타의 승인하에 상표를 사용하는 것이며, 저자의 연구 자료가 함께 포함되어 있습니다.

※ 16가지 성격 유형에 대해 보다 자세한 이해를 원하시는 분은 어세스타의 출판 자료를 참고하시거나 저자에게 문의해주시기 바랍니다. (조현 ch9522@hanmail.net)

의사가 선호하는 영업사원의 성격 유형

심리적 기질과 대인 상호작용에서의 선호 성격

의사가 좋아하는 영업사원의 심리적 선호 지표 | "뭐야? 그럼 ESTJ 유형이 가장 선호하는 유형인 거야?" 앞의 내용을 보고 미리 이런 결론을 내린 사람은 없는가?

클라이언트가 선호하는 유형을 지표별로만 보면 E, S, T, J를 선호하는 것으로 보인다. 그렇다고 전체 16가지의 유형에서 ESTJ를 선호하는 것일까? 그것은 아니다. 성격은 화학 작용과 같다. 각 지표가 어우러진 결과로 성격 특징이 나타나는 것이지 결코 각각의 성격이 하나씩 독립적으로 나오는 것은 아니라는 것이다. 여러 가지 분류 방식을 통해 고객들이 선호하는 유형이 어떤 쪽에 가까운지를 살펴보고 그 결과 우리의 궁극적인 목적인 "그래서 어떻게 대처할 것인가?"에 대해 좀 더 알아보자.

고객의 유형을 알고, 고객이 좋아하는 유형을 알고(아시다시피 모두가 자기 유형을 100% 좋아하는 것은 아니다), 고객이 싫어하는 유형을 알면 보다 과학적인 접근을 할 수 있다. 앞서 살펴봤던 의사가 선호하는 영업사원 유형의 비율과 대한민국 표본으로서의 각 유형의 비율을 보면서 비교해보자.

구분	외향(E)	내향(I)	감각(S)	직관(N)	사고(T)	감정(F)	판단(J)	인식(P)
의사가 선호하는 영업사원 성격 유형 비율	64.8%	35.2%	67.0%	33.0%	53.4%	46.6%	70.5%	29.5%
한국인 평균 성격 유형 비율	41.04%	58.95%	74.62%	25.37%	63.38%	36.61%	62.74%	37.25%

위 결과에서는 의사들이 E, N, F, J 각각의 지표가 가지는 성향을 일반인들보다 조금 더 선호한다는 것을 조심스럽게 추측해볼 수 있다.

아쉽게도 의사의 성격 유형에 관한 공인된 결과는 아직 없다. 단지 자연과학 계열의 사람들이 한국인 평균보다 직관(N)과 사고(T)에 대한 선호 경향이 약 7~10% 정도 높다는 결과가 있다.

의사가 좋아하는 영업사원의 심리적 기질 | 심리적 기질에 의한 분류는 '우선적으로 관찰 가능하고, 외형적인 행동의 유형에 기초하여' 집단화한 것이다. 즉, 그 사람의 내적인 심리적 기능보다는 보다 쉽게 겉으로 보이

구분	SJ	SP	NF	NT
표현	보호자적 전통주의자	행동적 경험주의자	이상가적 통찰주의자	합리적 사고주의자
특징	안정자, 통합자 책임감, 충성, 근면으로 일함	조정자, 중재자 영리함, 적시적 행동으로 일함	촉매자, 열정가 사람들과 상호 작용으로 일함	비전가, 설립자 논리적, 독창적 아이디어로 일함
기여 영역	시간에 맞춘 결과 제시	비범하고 기대치 않은 일에 대한 신속한 대처	가능성에 대한 개인적이거나 특별한 비전	전략과 분석
해당 유형	ISTJ ISFJ ESTJ ESFJ	ISTP ISFP ESTP ESFP	INFJ INFP ENFP ENFJ	INTJ INTP ENTP ENTJ
의사들이 선호하는 영업사원 유형비율	22.7%	17.0%	8.0%	52.3%

출처 「성격유형과 영업성과와의 관계에 관한 연구 – 제약기업을 중심으로」
이영철, 아주대학교 경영대학원, 2005, 석사 논문

거나 그 사람의 행동으로 나타나는 것을 기준으로 분류한 것이다. 의사는 NT〉SJ〉SP〉NF의 순으로 선호하는 것으로 나타났다. 체계적인 사고를 요하는 의료의 특성상 의사는 합리적으로 행동하는 사람을 더 좋아한다고 볼 수 있겠다.

의사가 좋아하는 영업사원의 대인 상호작용 태도 | 대인 상호작용의 태도에 따른 구분도 비교적 행동으로 손쉽게 드러날 수 있는 성격상의 신호들이 있기 때문에 의사 고객의 성향을 알아내는 데 도움이 된다. 이는 외향과 내향, 사고와 감정의 두 가지 지표에 따라 구분된다.

구분	ET	EF	IF	IT
표현	행동 지향적인 사고가 (주도적 타입)	행동 지향적인 협조가 (표현적 타입)	사려 깊은 조화가 (우호적 타입)	사려 깊은 추론가 (분석적 타입)
특징	활동적, 정열적, 뛰어난 실천력	사교적, 우호적, 동정적	조용함, 경청, 깊은 배려	조용함, 명상적, 맺고 끊음 분명
기여 영역	객관적, 합리적, 분석적, 논리적인 방법으로 일 처리	상대방의 기쁨과 복지를 위한 방법으로 일 처리	사람과 사실의 깊고 지속적인 가치를 위한 방법으로 일 처리	사물이나 사건의 원인과 결과 등 기본 원리에 입각해 일 처리
해당 유형	ESTP ESTJ ENTP ENTJ	ESFP ESFJ ENFP ENFJ	ISFJ ISFP INFJ INFP	ISTJ ISTP INTJ INTP
의사들이 선호하는 영업사원 유형비율	3.4%	64.8%	22.7%	9.1%

출처 「성격유형과 영업성과와의 관계에 관한 연구 – 제약기업을 중심으로」
이영철, 아주대학교 경영대학원, 2005, 석사 논문

위 표를 보면 외향, 내향의 큰 구분 없이 의사 고객은 감정형(F 계열)을 선호한다는 것을 알 수 있다. 의사 고객들이 영업사원을 만날 때 업무적 측면도 중요하지만 인간적 측면에서 담당자를 더 만나고 싶어하거나, 상호 커뮤니케이션을 할 때 감정형이 가진 특징을 선호한다고 예상할 수 있다.

의사는 EF〉IF〉IT〉ET의 순으로 선호하는 것으로 나타났다. 그리고 이 분류에서의 네 가지 경향은 업무 현장에서 일 처리를 할 때 특히 잘 드러난다.

내 성격은 이에 부합하는가 : 성격과 성숙

앞의 내용을 충분히 이해했다면 의사들이 선호하는 영업사원의 스타일은 '합리적이면서도 우호적인 사람'이라는 것을 알 수 있을 것이다. 어찌 보면 조금은 싱거운 결과가 아닐 수 없을 것이다.

하지만 이것을 완전하게 실천하면서 일하는 사람은 그리 많지 않다. 합리성만 추구하기도 하고 우호성만 중시하는 사람들도 많다. 그렇게 타고났기 때문에 자연스럽게 무의식적으로 그런 모습이 나타나게 되어 있다.

그러나 인생의 연륜이 쌓여갈수록 자신의 모습에 고집을 부리기보다는 많은 사람을 이해하고 거기에 맞춰줄 수 있는 포용력을 가져야 할 것이다.

이것을 "성숙한 성격을 만들어나간다"고 표현하기도 한다.

지금까지의 결론을 바탕으로 고객의 유형에 크게 구애 받지 않으면서 공통적으로 활용할 수 있는 커뮤니케이션 전략을 정리해보자.

외향 & 내향	
전략	경청
이유와 배경	• 고객이 외향형이라면 주도적으로 말할 수 있도록 유도하면서 이를 경청한다. 또한 고객이 스스로 행동하게끔 배려하면서 그 행동을 지켜봐주는 식으로 보조를 맞춘다. • 고객이 내향형이라면 말을 하도록 이끌어내는 것이 쉽지 않으므로 고객이 심사숙고 후에 말을 할 때까지 기다려주고 이를 경청한다.

감각 & 직관	
전략	짧고 기억하기 쉬운 전달 방식 선택
이유와 배경	• 고객이 감각형이라면 세부적인 것에 집착할 수 있다. 어쩌면 불필요한 것까지도 말이다. 이는 때로 당신을 피곤하게 할 수도 있다. • 고객이 직관형이라면 어차피 길고 장황한 전달 방식은 통하지 않을 것이다.

사고 & 감정	
전략	전달 내용은 사고형의 특성 선택, 전달 방식은 감정형의 특성 선택
이유와 배경	• 감정형이 선호하는 방식으로 내용을 전달하게 되면 자칫 기분이나 느낌, 주관에 따른 것이라고 생각하기 쉽다. 특히 의사들은 이러한 것을 꺼리는 편이다. • 사고형이 선호하는 방식으로 표현을 하게 되면 고객은 너무 '똑바로 보고 똑바로 말하는' 당신의 스타일에 질려 버리거나 기분 나빠할 것이다. • 전달하는 내용에 대해서는 객관적이고 합리적인 표현을 쓰되, 말은 부드럽게 하면서 좀 더 고객의 기분을 배려하자. 　예) 'A but B'가 아니라 'A and B'의 형식으로 말한다. 　"선생님의 요구를 잘 알겠습니다. 하지만 불가능합니다."(X) 　"선생님의 요구를 잘 알겠습니다. 그리고 이 부분은 다른 방법이 있는지 좀 더 찾아봐야 할 것 같습니다."(O) 　'A and B' 형식으로 말하면 이후에 거절을 하더라도 충분히 고객의 의견에 대하여 고심했다는 것을 내비칠 수 있다. 설사 사고형의 고객이었다 할지라도 당신이 숙고하는 모습을 보이면 불만을 갖지 않는다.

판단 & 인식	
전략	선택권을 양보하는 전략
이유와 배경	판단형은 자신의 빠른 선택을 즐길 것이고, 인식형은 자신의 자유로운 선택을 즐길 것이다. 그러므로 당신이 해줄 수 있고, 양보할 수 있는 사안을 2가지 이상 만들어서 선택하도록 하는 제스처를 보여주자. 이렇게 하면 성향은 각각 다르지만 둘 다 '내가 선택을 컨트롤할 수 있구나' 라고 느낄 것이다.

본 책에서 다룬 커뮤니케이션 전략은 일부에 불과하지만 복잡한 영업 활동 속에서 간편하게 공통적으로 사용할 수 있을 것이다.

특히 위 표들의 내용은 의사가 좋아하는 영업사원의 성격 유형에 대처하는 방식으로 제안된 것이므로 독자 여러분이 간편하면서도 유용하게 사용할 수 있을 것이다.

참고문헌

『성격유형과 영업성과와의 관계에 관한 연구 – 제약기업을 중심으로』, 이영철, 아주대학교 경영대학원, 2005, 석사 논문

『16가지 성격유형의 특성』, 김정택·심혜숙 저, 한국심리검사연구소, 2007

『기업 조직에서의 MBTI 활용입문』, Sandra Krebs Hirsh & Jean M. Kummerow 저
한국심리검사연구소, 1997

『성격유형과 삶의 양식』, Sandra Krebs Hirsh & Jean M. Kummerow 저
한국심리검사연구소, 1997

대한민국 제약영업 힘내세요!

책 본문 중에 'Steal shamelessly, Share generously'라는 표현이 있었던 것을 기억하실 겁니다. 성공 사례를 공유하는 자리에서 쓰는 표어 같은 문구입니다. '남의 좋은 사례는 부끄러워하지 말고 과감히 받아들이고, 자신이 만들어낸 좋은 사례와 아이디어는 아낌없이 나눠주라'는 것입니다.

이 책을 쓰기 위해 필자들도 좋은 것을 많이 훔쳐오려고 노력했고, 그것을 혼자만 아는 것이 아니라 모두에게 아낌없이 나눠주고자 하였습니다. 서로 경쟁하지만 함께 나아가고 싶은 마음이 컸기 때문입니다.

독자 여러분들께서 "나에게는 더 좋은 영업 방식이 있어"라고 말하시면서 책의 부족한 부분을 지적해주실 수도 있으실 것입니다.

그러나 필자들이 그런 부분을 조금은 인정을 하면서도 부족한 부분에 너무 연연해하지 않고 책을 쓸 수 있었던 것은 바로 위에서 말한 '서로 경쟁하지만 같이 가고 싶은 마음'이 더 컸기 때문이라는 것과, '누군가는 먼저 앞으로 가야 할 길을 열어주어야 한다'는 마음에 용기를 내었기 때문입니다.

이미 몇 년 전부터 수차례 몇몇 제약영업인들에게 책을 통해 노하우를 공유하면 어떻겠느냐는 의견을 내비쳤을 때 그 필요성을 100% 인정하시고, 또 책으로 펴내고도 싶어하셨지만 바쁜 현실과 제한적일 수밖에 없는 환경 탓에 주저한 분들이 많이 계셨습니다.

하지만 이제는 좀 더 자유롭고 개방적인 분위기 속에서 많은 분들이 자신의 노하우를 공유할 수 있으리라 생각합니다. 서랍 속에서 기록만 된 채로 기다리고 있는 여러분의 노하우를 작은 것이나마 꺼내어 주시기 바랍니다. 그래서 이 책으로 끝나는 것이 아니라 많은 분들이 계속 이어서 좋은 사례를 공유하여 함께 성공하는 제약영업 현장의 문화를 만들어 나갑시다.

보셨다시피 책의 내용은 별로 어렵지 않습니다. 상위 1%들만이 할 수 있는, 혹은 불가능해 보이는 것도 아닙니다. 물론 책에서 제시한 것을 절대 모두 따라 하려고 노력하지 마십시오. 자신을 완벽하게 갖추려고도 하지 마십시오.

책을 보시면서 자신이 부족했거나 몰랐던 것을 골라서 시도하든가 아니면 '아, 나의 강점이라고 생각했던 게 나뿐 아니라 다른 사람들도 그렇게 생각하던 거였구나' 하면서 자신감만 가져도 충분합니다.

저희가 쓴 내용은 전체 제약영업 현실의 3분의 1 정도밖에 안 될 것입니다. 다만 제약영업의 높은 산을 오르고자 하는 분들에게 이 책이 조그마한 힘이 되어 남들보다 한 발자국이라도 쉽게 산을 올랐으면 합니다.

　이 책에 나온 것을 한 가지라도 곧바로 실천한 영업사원이 10년 후 크게 달라진 자신을 발견하기를 기대해봅니다.

　끝으로 글을 쓰는 동안 격려해준 가족들에게 고맙고, 무엇보다도 이 글을 읽어주신 독자 여러분께 정말 감사 드립니다. 이번에 모두 담을 수 없었던 남은 이야기들은 다음 기회로 잠시 미루고자 하니 그때까지만 기다려 주세요.

　제약영업 분야가 작은 규모인데도 흔쾌히 출간을 허락해주신 한언의 김철종 대표님과 한언 가족들에게 감사 드립니다. 지난 1년간 인터뷰를 통해 필자들에게 소중한 의견을 주신 많은 의사 선생님, 약사님, 선후배님, 동료들에게도 진심 어린 감사의 말을 전하고 싶습니다.

저자들 올림

한언의 사명선언문

Since 3rd day of January, 1998

Our Mission – 우리는 새로운 지식을 창출, 전파하여 전 인류가 이를 공유케 함으로써 인류 문화의 발전과 행복에 이바지한다.

– 우리는 끊임없이 학습하는 조직으로서 자신과 조직의 발전을 위해 쉼 없이 노력하며, 궁극적으로는 세계적 콘텐츠 그룹을 지향한다.

– 우리는 정신적, 물질적으로 최고 수준의 복지를 실현하기 위해 노력하며, 명실공히 초일류 사원들의 집합체로서 부끄럼 없이 행동한다.

Our Vision 한언은 콘텐츠 기업의 선도적 성공 모델이 된다.

저희 한언인들은 위와 같은 사명을 항상 가슴속에 간직하고
좋은 책을 만들기 위해 최선을 다하고 있습니다.
독자 여러분의 아낌없는 충고와 격려를 부탁 드립니다.
• 한언 가족 •

HanEon's Mission statement

Our Mission – We create and broadcast new knowledge for the advancement and happiness of the whole human race.

– We do our best to improve ourselves and the organization, with the ultimate goal of striving to be the best content group in the world.

– We try to realize the highest quality of welfare system in both mental and physical ways and we behave in a manner that reflects our mission as proud members of HanEon Community.

Our Vision HanEon will be the leading Success Model of the content group.